趣读小古文

启迪智慧的古代寓言

张慧云
编著

商务印书馆国际有限公司
中国·北京

图书在版编目（CIP）数据

启迪智慧的古代寓言 / 张慧云编著. -- 北京 : 商务印书馆国际有限公司，2023.1
（趣读小古文）
ISBN 978-7-5176-0948-3

Ⅰ. ①启… Ⅱ. ①张… Ⅲ. ①文言文—小学—教学参考资料 Ⅳ. ①G624.203

中国版本图书馆CIP数据核字(2022)第250676号

QIDI ZHIHUI DE GUDAI YUYAN

启迪智慧的古代寓言

编　　著　张慧云
出版发行　商务印书馆国际有限公司
地　　址　北京市朝阳区吉庆里14号楼
　　　　　　佳汇国际中心A座12层
邮　　编　100020
电　　话　010-65592876（编校部）
　　　　　　010-65598498（市场营销部）
网　　址　www.cpi1993.com
印　　刷　三河市紫恒印装有限公司
开　　本　710mm × 1000mm　1/16
字　　数　180千字
印　　张　11
版　　次　2023年1月第1版第1次印刷
书　　号　ISBN 978-7-5176-0948-3
定　　价　36.80元

前言

语文学习，阅读是根本。曾有一度，语文教育唯分数论，家长辅导找不到抓手，学生只得加入“刷题大军”。作为一名语文老师，我在困惑的同时，更激发出一种强烈的责任感和使命感。于是，八年前，我就开始了“大语文阅读”的教学实践，探索在阅读中提升语文素养的方法，困知勉行，终于积累了一定的经验。

这些年，“得语文者得天下，得阅读者得语文”的理念已经被越来越多的家长所认可。但另外的问题也随之而来：“阅读”从什么时候开始？读什么？怎么读？我在长期的语文教学中发现：培养孩子的人文素养，初中前是最佳阶段，因此，阅读开始得越早越好；相比于现当代文学作品，那些流传千年的文言文名篇，更是滋养孩子成长的沃土，因此，孩子们要多读一些文言文。前两个问题有了答案，第三个问题“怎么读”却把我难住了。

统编版小学语文教材编写者已经意识到了文言文的重要性，自三年级起，开始收录文言文，但数量不多，总共16篇。收录的文言文浅显易懂、篇幅短小，我们称之为“小古文”。到了初中，语文教材中文言文的数量陡增，难度升级，孩子们谈“文言文”而色变，甚至戏称其为语文学习的“三大拦路虎”之一。我仔细分析，认为造成这一状况的原因有二：一是孩子们没有在小学阶段培养起学习文言文的兴趣，二是孩子们在小学阶段的文言文阅读量不够。

有人可能会怀疑，文言文那么难，小学生能看懂吗？其实，早在数年前，我就开始试着给低龄儿童讲解小古文，以观察他们是否有“食古不化”的问题。我发现，越是低龄的孩子，反而越容易理解和接受文言文。

经过充分的准备，我开始着手为小学生们选取适合他们阅读和学习的文言文篇目。我既不能照搬古人的选编经验，又不能忽视现在的教学需求；既要精选名篇，又要兼顾小学生的认知规律，选篇过程之曲折一言难尽。我与责编张立晓老师经过两年多的筛选、打磨，秉承“喜闻乐见，古文启蒙”的原则，精心筛选出了一百多篇小古文，编订成“趣读小古文”丛书。依其内容分为三册，分别为《滋养心灵的神话故事》《启迪智慧的古代寓言》和《激励成长的历史人物》。

《滋养心灵的神话故事》主要收录21篇经典神话故事，兼收5篇先秦诸子故事和7篇哲理故事。共计33篇。《启迪智慧的古代寓言》收录了37篇能够给孩子智慧启迪的古代寓言故事。《激励成长的历史人物》收录了38篇对孩子有正向激励作用的历史人物故事。

语文教学，重在激发孩子的兴趣，文言文教学更应如此。因此，在编排上，本丛书重在趣味性与知识性的结合。为了贴近小学生的认知规律，我们从孩子的视角出发，采用“沉浸式互动”的方式串讲文言原文，并将其中蕴含的语言文字知识、历史知识、文化知识以及百科知识一一道来，语言晓畅易懂，在无形中化解孩子学习文言文的畏难情绪。

浩瀚的文言文中蕴藏着丰厚的传统文化知识与智慧，我们希望“趣读小古文”丛书能为孩子们打开一扇窗。由于能力有限，书中难免有不足和疏漏之处，敬请广大读者批评指正！

张慧云

目录

第1单元 先秦诸子寓言

庄子寓言

韩非子寓言

孟子、列子、墨子寓言

第 2 单元 《吕氏春秋》寓言

第 3 单元 《战国策》寓言

第 4 单元

小说、散文、杂记中的寓言

第 5 单元

其他

中国寓言历史源远流长。它的第一个繁荣期是在先秦。春秋战国时期，百家争鸣，诸子宣扬自己的学说，为了得到诸侯们的支持，必定想尽办法说服他们。但游说诸侯是一件需要运气的事，运气好，能平步青云；运气不好，一句话说错，就有可能掉脑袋。于是，诸子便采用民间流传的神话、传说等，根据自己的观点作了加工，改编成寓言。这样更容易阐明自己的观点，说服各诸侯。

孟子、列子、墨子寓言

第1单元

先秦诸子寓言

庄子寓言

01 井底之蛙——世界这么大，咋不去看看

02 东施效颦——失败的模仿秀

韩非子寓言

03 郑人买履——鞋子合不合脚，只有自己知道

04 买椟还珠——好看的皮囊诱惑了你

05 欲速则不达——一味求快，反而快不了

06 滥竽充数——混得了一时，混不了一世

庄子寓言

01 井底之蛙

古籍出处

战国 · 庄子《庄子 · 秋水》

阅读背景

《庄子》的《秋水》篇由七个寓言组成，井底之蛙就是其中的一个。这则寓言由大鳖和青蛙的对话构成，讽刺了那些见识短浅又盲目自大的人。本文为节选。

原文诵读

fú qiān lǐ zhī yuǎn bù zú yǐ jǔ qí dà
“夫千里之远，不足以举[1]其大；
qiān rèn zhī gāo bù zú yǐ jí qí shēn yǔ zhī shí
千仞[2]之高，不足以极其深。禹之时
shí nián jiǔ lǎo ér shuǐ fú wéi jiā yì tāng
十年九潦[3]，而水弗[4]为加益[5]；汤
zhī shí bā nián qī hàn ér yá bù wéi jiā sǔn
之时八年七旱，而崖[6]不为加损[7]。

注释

1. 举：全，说全。
2. 仞：古长度单位，古代以七尺或八尺为一仞。
3. 潦：同“涝”，水灾。
4. 弗：不。
5. 加益：增多
6. 崖：岸边。
7. 加损：减少。

fú bù wéi qǐng jiǔ tuī yí bù yǐ duō shǎo jìn tuì
夫不为顷久[8]推移[9]，不以多少进退

zhě cǐ yì dōng hǎi zhī dà lè yě
者，此亦东海之大乐也。”

yú shì kǎn jǐng zhī wā wén zhī shì shì rán
于是埳井[10]之蛙闻之，适适然[11]

jīng guī guī rán zì shī yě
惊，规规然[12]自失也。

[8] 顷久：时间长短。

[9] 推移：（海水容量）变化。

[10] 埳井：废井。

[11] 适适然：吃惊的样子。

[12] 规规然：渺小的样子。

趣读古文

世界这么大，咋不去看看

在一口废井里有一只青蛙。它对从东海中来的大鳖说：“我多么快乐啊！想出去玩了，就在井口的栏杆上蹦蹦跳跳；想休息了，就回到井里。我跳进井底的水里，水刚好漫过我的胳肢窝，托着我的面颊；蹦蹦跳跳时，井底的泥只能没过我的脚丫。看一看那些赤虫、螃蟹与蝌蚪一类的小虫吧，哪个有我快乐呀！并且，我独占一坑水，在井上想跳就跳，想停就停，真是快活极了！您为什么不常来我这里参观参观呢?”

海鳖左脚还没踏进井里，右腿就被井壁卡住了。于是，它在井边慢慢地徘徊了一阵就退回来了，把大海的景象告诉青蛙。

“夫千里之远，不足以举其大；千仞之高，不足以极其深。　东海大鳖告诉青蛙它生活的大海是什么样的：千里那么遥远的距离都不能形容海的辽阔；千仞那样的高度都不能够形容海的深度。

注意，这里的夫可不是“夫人”或“丈夫”的意思。它读作fú，没有实际的意义。在文言文中，如果它处在句子的开头，就代表接下来作者要发议论了。

里和仞都是古代的长度单位。千里、千仞虽然是极远、极高的，但仍然无法形容大海。在古人有限的认知里，这听起来有点像吹牛。

为了进一步印证自己的观点，庄子借大鳖之口讲事实、摆证据。

禹之时十年九潦，而水弗为加益； 夏禹的时候，十年有九年水灾，洪水泛滥——读过《大禹治水》的大概还能记得当时的情景——可是，海面却丝毫不见增高。**汤之时八年七旱，而崖不为加损。** 商汤时，八年有七年干旱，大地都裂开了，可海岸却丝毫没有降低。

夫不为顷久推移，不以多少进退者，此亦东海之大乐也。”

我知道，这句话开头是个“夫”字，说明作者要发议论了。

永恒的大海啊，不会因为时间的长短而改变，也不会因为雨量的多少而增减。这才是住在东海里最大的快乐啊！

这快乐有多大，对于满足于井中这点积水的青蛙而言，大得无法想象啦！

于是埳井之蛙闻之，适适然惊，规规然自失也。 废井里的青蛙听到这些描述后，惶恐不安，两眼圆睁，好像失了神。

它深深感到自己的渺小。还真是如庄子所言：“不可与井底的青蛙谈论关于海的事情，因为狭窄的井口局限了它的眼界；不可与在一个夏天生死的虫子谈论关于冰雪的事情，是由于它的眼界受着时令的制约。”

翻译填空

千里那样遥远的距离都不能形容海的（　　）；千仞那样的高度都不能形容海的（　　）。夏禹的时候十年有九年（　　），可是海面丝毫不见增高；商汤时，八年有七年（　　），可是海岸丝毫不见（　　）。大海不随时间的长短而（　　），也不因为雨量的多少而增减。这才是住在东海里最大的快乐啊！废井的青蛙听了这一番话，惶恐不安，两眼圆睁，好像失了神，深深感到自己的（　　）。

参考答案：辽阔、深度、水灾、干旱、降低、改变、渺小

写作一点通

如何描述无形的东西

大海有多大？这是不能用具体的、确切的词语描述的。你也许会想到“无边无际”“一望无垠”这些优美的形容词，但庄子却用了更高明的手法，他用具体的、有形的事物去衬托抽象的、无形的事物。这让我们对大海的印象更加深刻。

衬托
- 描写海之大 —— 用“千里之远”来衬托
- 描写海之深 —— 用“千仞之高”来衬托
- 描写海容量之大 —— 用“十年九潦”“八年七旱”来衬托

思考探究

1. 井底之蛙一般用来形容什么样的人？
2. 你如果是青蛙，听了大鳖的一席话，会怎么做？为什么？

日积月累

认识几个成语

【井底之蛙】井底的青蛙认为天只有井口那么大。比喻那些见识短浅的人。

【坐井观天】坐在井里看天。用来比喻和讽刺眼界狭窄或学识肤浅之人。

【目光如豆】眼光像豆子那样小。形容目光短浅，缺乏远见。

02 东施效颦

古籍出处

战国 · 庄子《庄子 · 天运》

阅读背景

西施是春秋时期越国的美女，也被称为“西子”。她天生丽质、倾国倾城，是美的化身和代名词。而东施模仿西施不成，成了丑的代名词。东施效颦这则寓言讽刺了那些缺乏自知之明、盲目效仿别人的人。后来东施效颦演化为一个成语，为后世所使用。

原文诵读

xī shī bìng xīn ér pín qí lǐ qí lǐ zhī
西施病心①而颦②其里③，其里之
chǒu rén jiàn ér měi zhī guī yì pěng xīn ér pín qí
丑人见而美④之，归亦捧心而颦其
lǐ qí lǐ zhī fù rén jiàn zhī jiān bì mén ér bù
里。其里之富人见之，坚⑤闭门而不
chū pín rén jiàn zhī qiè qī zǐ ér qù zhī zǒu
出；贫人见之，挈⑥妻子而去⑦之走⑧。
bǐ zhī pín měi ér bù zhī pín zhī suǒ yǐ měi
彼⑨知颦美，而不知颦之所以美。

注释

①病心：心口痛。

②颦：皱眉头。

③里：乡里，村。

④美：认为……美。

⑤坚：紧紧地。

⑥挈：带领。

⑦去：躲开，避开。

⑧走：跑。

⑨彼：第三人称代词，她，代指东施。

趣读古文

失败的模仿秀

西施是中国古代四大美女之一，春秋末期出生于越国绍兴诸暨苎萝村，苎萝有东西二村，她住在西村，故名西施。传说西施在河边浣纱时，鱼儿惊艳于她的美貌，忘记了游动，渐渐地沉到河底。因此，后世人们用“沉鱼”来形容西施的美貌。

西施病心而矉其里。 西施心口疼痛，所以捂着心口、皱着眉头走在村子中。

里，为何翻译为村子？

里，从田从土，有田有土而可以居住的地方叫作里。据古书记载，从地域上看大概三百步为里；从人数上看，五家为邻，五邻为里，即二十五家为里。“邻里”“乡里”的“里”，其实就相当于小村庄。后来，里也用来指称“居住区”，也就是今天“社区”“小区”的意思。北京就有很多社区、小区带有“里”字，如平安里、安慧里等。

其里之丑人见而美之，归亦捧心而矉其里。 同村的一个长得很丑的女人看见西施，觉得她这样很美，回家后也捂着自己的心口、皱着眉头走在村子中。这个“丑人”就是东施。但是文中没有直接描写东施的丑，而是通过村里其他人的反应来进行侧面描写。

这里的“美”是“认为……美”的意思，这是古代汉语里常见的一种语法现象，叫意动用法。

看到东施捧着心口、皱着眉头的样子，村里人的反应太夸张了。短短的两句话就呈现出了电影般的画面感。**其里之富人见之，坚闭门而不出；**　村里的富人见了她，牢牢地关着大门不出去，估计是难以忍受她拙劣的“模仿秀”。**贫人见之，挈妻子而去之走。**　村里的穷人见了她，连忙牵着妻子和孩子跑开，躲她躲得远远的。

不是妻子吗？哪有孩子呀？

古代汉语中的“妻子”指的妻子和儿女。妻，指妻子；子，指孩子，包括儿子和女儿。

彼知颦美，而不知颦之所以美。　她（东施）只知道皱着眉头会很美，却不知道皱着眉头为什么会很美。成语“东施效颦”就是从这则故事里演化出来的，常用来比喻盲目地模仿别人，反而适得其反。

古代汉语里常用的第三人称代词有彼、之、其、厥、他等。

翻译填空

西施心口疼痛，所以（　　）走在村子中，村中的一个长得很丑的女人看见西施，觉得她这样很（　　），回家后也捂着自己的（　　）、皱着眉头走在村子中。村里的富人见了她，（　　）地关着大门不出去；穷人见了东施，（　　）妻子和孩子躲开。东施知道皱着眉头会很美，却不知道皱着眉头（　　）会美。

参考答案：皱着眉头、美、心口、牢牢、牵着、为什么

写作一点通

侧面描写显奇效

这篇小古文没有正面描写东施的容貌，而是从村子里“富人”和“贫人”的反应，把东施的丑刻画得淋漓尽致，这种表现手法叫侧面描写。有时候，侧面描写比正面描写更具表现力和说服力。我们可以通过下图的对比来感受一下。

正面描写 ←→ 侧面描写

正面描写——例句：东施长得特别丑

侧面描写——例句：东施丑得让富人见了她就紧紧把门关上；穷人见了她拉起老婆孩子就跑。

思考探究

1. 东施效仿西施捧心皱眉，为什么大家还是觉得她丑？
2. 你身边有“东施效颦”这样的事件吗？

日积月累

与东施效颦意义相近的几个成语

【邯郸学步】邯郸：战国时赵国的都城；学步：学习走路。比喻模仿人不到家，反把原来自己会的东西忘了。

【照猫画虎】照着猫的样子画老虎。比喻照着样子模仿。

【生搬硬套】生：生硬。指不顾实际情况，机械地运用别人的经验，照抄别人的办法。

韩非子寓言

03 郑人买履

古籍出处

战国·韩非《韩非子·外储说左上》

阅读背景

韩非是战国时期韩国国君的儿子，他的老师是荀子，同学是李斯。他生来口吃，却思维敏捷，长于写作。秦王嬴政读了韩非的文章后十分赏识他，就派李斯将怀才不遇的韩非从韩国请到秦国。韩非著书立说，成了先秦法家思想的集大成者。《韩非子》是韩非的著作总集，是韩非逝世后，后人辑集而成的。先秦诸子散文中使用寓言最多的就是《韩非子》，大家熟知的如“滥竽充数”“自相矛盾”“唇亡齿寒”“一鸣惊人”“郑人买履”“长袖善舞”等。

原文诵读

zhèng rén yǒu qiě zhì lǚ zhě
郑人有且置履[1]者，

xiān zì duó qí zú ér zhì zhī qí zuò
先自度[2]其足而置之其坐[3]。

注释

①置履：购买鞋子。置，购买，下一句的“置”是放置之意。

②度：计算、测量。下文的“度”读作dù，意为良好的尺码。

③坐：座位。

zhì zhī　shì ér wàng cāo　zhī
至之[4]市而忘操[5]之。

yǐ dé lǚ　nǎi yuē　wú wàng chí dù
已得履，乃曰：“吾忘持度。”

fǎn　guī qǔ zhī　jí fǎn　shì bà　suì bù
反[6]归取之。及反，市罢[7]，遂不

dé lǚ　rén yuē　hé bú shì zhī yǐ zú
得履。人曰：“何不试之以足？”

yuē　nìng xìn dù　wú zì xìn　yě
曰：“宁信度，无自信[8]也。”

④之：到，往。

⑤操：带上，拿着。

⑥反：通“返”。

⑦罢：完结。

⑧无自信：不要相信自己。无通“毋”，不要。

趣读古文

鞋子合不合脚，只有自己知道

郑国是春秋时期的一个小诸侯国，在今河南新郑市。从鞋子的买卖就可以看出，那时候，郑国的商业已经发展起来了。

郑人有且置履者，先自度其足而置之其坐。　有个郑国人想要买鞋子，他先量自己的脚，并把量好的尺码放在了自己的座位上。

知道了自己的鞋号，即使不试也能买到合适的鞋子。

所以，郑人先量脚再去买鞋的做法是可以理解的。

至之市而忘操之。　到了集市上，他却忘了带量好的尺码。故事到这里，这个人除了有点健忘之外，也看不出有别的问题。

已得履，乃曰：“吾忘持度。”　他已经拿到鞋子了，才想起自己忘了带尺码，于是说：“我忘记带量好的尺码了。”

如果你买鞋时忘记了鞋码，会怎么办呢？

这还不简单，直接试不就得了！

反归取之。 这个人认死理儿，他赶紧往家跑，去取之前量好的尺码。

及反，市罢，遂不得履。 等到他再次回到集市的时候，集市已经散了，他就没有买到鞋。

集市怎么这么快就“散了”？

春秋战国时期的市，营业时间限制得很严格，交易的时间主要在上午，过午则散，至夕则罢。

折腾了半天也没买上鞋，可想而知，这个人的心情一定很低落。**人曰：“何不试之以足？”** 有人问他：“你为什么不用你的脚试试鞋呢？”鞋是穿在自己脚上的，合不合适，脚最清楚了。

曰：“宁信度，无自信也。” 但这个人不这么认为，他说：“我宁可相信量好的尺码，也不相信自己的脚。”

旁人大概和我们一样，都觉得这个人很可笑，可他自己却不觉得自己有错。后来，人们用郑人买履的寓言来讽刺那些死守教条、不知变通的人。

翻译填空

有个郑国人想要买（　　），他先（　　）自己的脚，并把量好的尺码（　　）了自己的座位上。到了（　　）上，他却忘了带量好的（　　）。拿到鞋子后，他才想起自己忘了带尺码，于是就说：“我忘记带量好的尺码了。”他急忙返回家去，取量好的尺码。等到他再次回到集市的时候，集市已经散了，他就没有买到鞋。有人问他说：“你为什么不用你的脚（　　）呢?”他说：“我宁可相信量好的尺码，也不相信自己的脚。”

参考答案：鞋子、测量、放在、集市、尺码、试鞋

思考探究

1. 这则寓言告诉我们什么道理?
2. 你在生活中见过跟“郑人”相似的人吗?

日积月累

1. 多音字“度”

度 dù 作名词，量好的尺码。
度 duó 作动词，测量。

2. 两个通假字

反，通“返”，返回。

无，通“毋”，不要。

04 买椟还珠

古籍出处

战国·韩非《韩非子·外储说左上》

阅读背景

《韩非子·外储说左上》记录了一段田鸠与楚王的对话。楚王对田鸠说："墨子是个声名显赫的学者。他亲自实践起来还是不错的，他讲的话很多，但不动听，为什么？"于是田鸠就给楚王讲了两个故事——"秦君嫁女"和"楚珠鬻郑"。"买椟还珠"的故事其实是"楚珠鬻郑"，不过，后人把对楚人鬻珠的批评演变为对郑人买椟还珠的批评，沿用至今，已约定俗成。

原文诵读

chǔ rén yǒu mài qí zhū yú zhèng zhě，wéi mù lán zhī guì，xūn yǐ guì jiāo，zhuì yǐ zhū yù，shì yǐ méi guī，jí yǐ yǔ cuì。zhèng rén mǎi qí dú ér huán qí zhū。cǐ kě wèi shàn mài dú yǐ，wèi kě wèi shàn yù zhū yě。

楚人有卖其珠于郑者，为[1]木兰之柜[2]，薰[3]以桂椒，缀[4]以珠玉，饰以玫瑰[5]，辑[6]以羽翠[7]。郑人买其椟而还其珠。此可谓善[8]卖椟矣，未可谓善鬻[9]珠也。

注释

1. 为：制作。
2. 柜：此指盒子。
3. 薰：用香料熏。
4. 缀：装饰。
5. 玫瑰：次于玉的美石。
6. 辑：连缀。
7. 羽翠：翠鸟的羽毛。一说翡翠。
8. 善：擅长。
9. 鬻：卖。

趣读古文

好看的皮囊诱惑了你

春秋战国时期，各诸侯国之间无论怎样征战，也阻挡不了商人卖货的热情。从春秋时起，齐、郑、周、晋等都是商业较发达的诸侯国。

楚人有卖其珠于郑者， 楚国有个珠宝商人，想把珠宝卖到郑国去。为了卖掉珠宝，首先要为它做个吸引眼球的包装。**为木兰之柜，薰以桂椒，** 他用名贵的木兰雕了一只盒子，又用桂椒调制的香料将盒子熏香。

木兰是什么？桂椒又是什么？

木兰是一种名贵的木材，古代多用来建造宫殿、造船。桂椒指肉桂及山椒，泛指高级香料。桂，可理解为我们家里炖肉的桂皮；椒，花椒的一种。今天它们是我们生活中常用的香料，但在两千年前，可是一种奢侈品呢！

缀以珠玉，饰以玫瑰，辑以羽翠。 他又用美丽的珍珠和玉石去装饰它，用翠鸟的漂亮羽毛来点缀它。

什么是羽翠，很名贵吗？

有人把羽翠直接翻译成了翡翠。但实际上，它极有可能是翠鸟的羽毛。我们在博物馆里能见到，帝后的凤冠上点缀的鲜艳的蓝色羽毛，几百年不褪色，用的就是古代的点翠工艺。就是把翠鸟那几根最漂亮的羽毛，一丝丝地装饰在金饰品上。

这个盒子太耀眼了！**郑人买其椟而还其珠。**　　有个郑国人把盒子买了去，却把盒里的珠子还给了他。

此可谓善卖椟矣，未可谓善鬻珠也。　　这可以说，这个楚国的珠宝商人很善于卖盒子，而不善于卖珠宝。谓，是“说”的意思。

你看，作者是站在卖家立场说话的，所以，这个故事原叫“楚珠鬻郑”。墨家第四代巨子田鸠给楚王讲这个故事是为了说明：墨子虽然说话不好听，可他的话价值很高。如果只爱听漂亮话，过于在乎文辞的修饰，就会忽略其内在价值。

今天我们读这个故事是站在买家立场上的，认为这个买东西的人，“捡了芝麻，丢了西瓜”。于是，我们把这个故事叫作“买椟还珠”。

翻译填空

楚国有个珠宝商人，想把珠宝卖到郑国去。他用名贵的木兰雕了一只装珠宝的（　　），用桂椒调制的香料将盒子（　　），又（　　）上珍珠和玉石，并用翠鸟的羽毛去点缀它。有个郑国人把盒子买了去，却把盒里的珠子还给了他。这可以说，这个珠宝商人很善于（　　）盒子，而不善于卖珠宝。

参考答案：盒子、熏香、装饰、卖

写作一点通

如何写好状物文章

文中的楚国人，虽然是个比较失败的商人，却是一个优秀的工艺美术大师。让客人舍弃了珠宝也要买走的盒子到底有多美呢？文中寥寥几句话就描述了出来。这种以描写物体（动物、植物、建筑物）为主的文章就叫作状物文章。

- 如何写好状物类文章
  - 以描写珠宝盒子为例
    - 材质：用木兰这种名贵的木材
    - 气味：熏以桂椒这种奢侈的香料
    - 外观：缀以珠玉，饰以玫瑰，辑以羽翠

思考探究

1. 读了这则寓言，你认为楚人和郑人各应该吸取什么教训？

2. 成语“买椟还珠”在如今一般用来说明什么道理？与故事本来要表达的意思有什么不同？

日积月累

与买椟还珠意义相近的成语

【本末倒置】本：树根；末：树梢。
比喻把事物的主次、轻重颠倒了。

【舍本逐末】泛指放弃根本的、主要的部分，而追求次要的、枝节的部分。

【因小失大】为了小的利益，而失去了大的利益。

05 欲速则不达

古籍出处

战国 · 韩非《韩非子 · 外储说左上》

阅读背景

齐景公是春秋末期齐国的国君，晏婴是齐国著名的政治家。晏婴是我国历史上有名的“智者”，他用他的智慧，帮齐国提升了国力。因此，齐景公非常器重和依赖晏婴，国中大小事情，齐景公都要向晏婴请教后再定夺。他在外游玩时收到晏婴病危的消息，便心急火燎地往回赶。

原文诵读

qí jǐng gōng yóu shǎo hǎi chuán qí cóng zhōng
齐景公游少海，传骑[1]从中

lái yè yuē yīng jí shèn qiě sǐ kǒng gōng
来谒[2]曰：“婴疾甚[3]，且[4]死，恐公

hòu zhī jǐng gōng jù qǐ chuán qí yòu zhì jǐng
后之。”景公遽[5]起，传骑又至。景

gōng yuē qū jià fán qiě zhī shèng shǐ zōu zǐ
公曰：“趋[6]驾烦且之乘[7]，使驺子[8]

hán shū yù zhī xíng shù bǎi bù yǐ zōu wéi bù
韩枢御[9]之。”行数百步，以驺为不

注释

① 传骑：驿站传信的骑马的人。

② 谒：进见。

③ 疾甚：病重。

④ 且：将要。

⑤ 遽：急忙。

⑥ 趋：快步走。

⑦ 烦且之乘：壮马拉的车。

⑧ 驺子：古代管车马的官。

⑨ 御：驾驭。

jí　duó pèi　dài zhī yù　kě shù bǎi bù　yǐ mǎ
疾，夺辔⑩代之御。可数百步，以马
wéi bú jìn　jìn shì　chē ér zǒu　yǐ fán qiě zhī liáng
为不进，尽释⑪车而走。以烦且之良
ér zōu zǐ hánshū zhī qiǎo　ér yǐ wéi bù rú xià zǒu yě
而驺子韩枢之巧，而以为不如下走也。

⑩辔：缰绳。
⑪释：放弃。

趣读古文

一味求快，反而快不了

齐景公游少海，　齐景公到渤海去游玩。这里的“少海”指的是渤海。**传骑从中来谒曰：“婴疾甚，且死，恐公后之。”**　“传骑”是驿站传递音信命令的骑马的使者，简译为使者。这里的“中”指的是国都，齐国的国都是临淄，距渤海有不短的距离。使者从国都之中带来了坏消息：“晏婴病得很厉害，即将死去，恐怕您在他死前赶不上见他。”

晏婴和“晏子使楚”里的那个晏子是一个人吗？

是的。晏婴虽然五短身材，其貌不扬，但在稳固齐国政治和外交上有着巨大功绩。因此，后人尊称他为晏子。

如此依赖的臣子病重将死，齐景公的心情可想而知。**景公遽起，传骑又至。**　齐景公急忙起身，还没等他做安排，骑马传递公文的使者又到了。那个时代，只有特别紧急的事才会多次派出骑马的使者传令。

景公曰：“趋驾烦且之乘，使驺子韩枢御之。”　齐景公传下命令：

“赶快坐上壮马拉着的马车，让马夫韩枢来驾车。”驺子是古代管车马的官。用最好的“座驾”，最好的“司机”，可见其着急的程度。

行数百步，以驺为不疾，夺辔代之御。 刚走了几百步，齐景公认为驺子韩枢驾车不行，太慢了，他就一把夺过缰绳代替他驾车。

可数百步，以马为不进，尽释车而走。 齐景公自己驾车走了几百步，还是觉得慢，他认为是马不向前跑。可是拉车的已经是最好的马了，还能怎么办呢？心急之下，齐景公决定把车马全部丢弃自己跑。

就算齐景公比博尔特跑得还快，也无法超越马车的速度吧！

这就是“欲速则不达”呀！

以烦且之良而驺子韩枢之巧，而以为不如下走也。 凭着烦且这样的好马和马夫韩枢高超的驾车技巧，齐景公还是认为不如自己下车跑得快。谁都看的出来，齐景公是心急，便嫌弃车马都慢。但违背规律、一味求快，反而达不到目的。

画像砖　齐景公游少海

翻译填空

齐景公到渤海去（　　），骑马传递公文的使者从国都之中赶来（　　）说：“晏婴病得很厉害，即将死去，恐怕您在他死前赶不上见他。”齐景公（　　）起身，骑马传递公文的使者又赶到了。齐景公说：“赶快准备好（　　）拉着的马车，让马夫韩枢来驾车。”走了几百步，齐景公认为马夫赶车太慢，就夺过（　　）代替他驾车。大约驾车走了几百步，又认为是马不向前跑，就把车马丢下而自己（　　）。凭着烦且这样的好马和马夫韩枢的技巧，齐景公还认为不如自己下车跑得快。

参考答案：游玩、拜见、急忙、壮马、缰绳、奔跑

写作一点通

如何写好心理活动

心理描写是指在文章中，对人物在一定的环境中的心理状态、精神面貌和内心活动进行的描写。本文中齐景公听说晏子病重将死，心急如焚，想尽快赶回去见他最后一面。如何描写急切的心情呢？本文的方法就非常高妙。

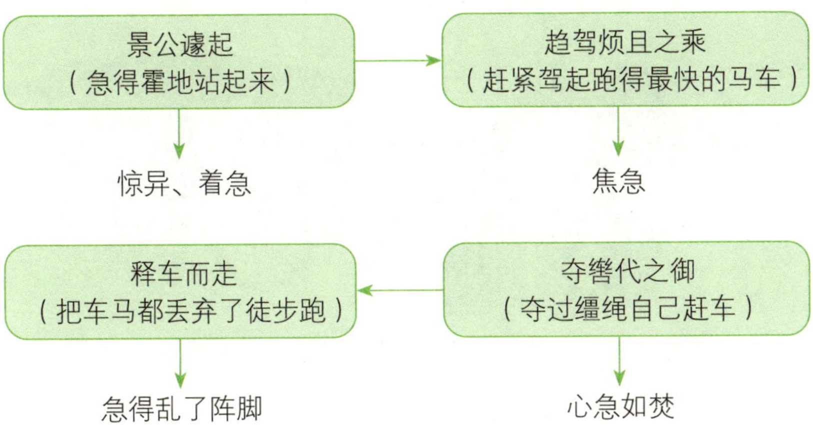

思考探究

1. 齐景公作为一个国君，为什么会有如此表现？
2. 查查资料，齐景公后来见到晏子了吗？

日积月累

春秋战国时期的马和马车

春秋战国时期，马车不仅是交通工具，还被当成战车使用。战车的多少成为一个国家强弱的标志，相应地诞生了许多与马和马车有关的词。

骑：旧读jì，指一匹马。

乘：读作shèng，一车四马叫“一乘”。“一乘”代表一个基本的作战单位，由一驾马车、马车上的甲士3人，以及跟车作战的步卒72人构成。

中国古代的马车虽然都是两个轮子，但是作为牵引力的马匹数量却有多有少。二马驾一车叫“骈”；三马驾一车叫“骖”；四马驾一车叫“驷”。

驷

06 滥竽充数

古籍出处

战国·韩非《韩非子·内储说上》

阅读背景

齐宣王是战国时期齐国的国君。他在历史上的存在感不强，但留下的典故却很多，比如“有事钟无艳，无事夏迎春”“王顾左右而言他”“明察秋毫”“君子远庖厨”以及“滥竽充数”等。齐宣王喜欢讲排场，南郭处士正是因此才钻了空子，混进了吹竽的乐队。

原文诵读

qí xuān wáng shǐ rén chuī yú bì sān bǎi
齐宣王使人吹竽[1]，必三百
rén nán guō chǔ shì qǐng wèi wáng chuī yú xuān wáng
人。南郭处士[2]请为王吹竽，宣王
yuè zhī lǐn shí yǐ shù bǎi rén xuān wáng sǐ
说[3]之，廪食[4]以数百人。宣王死，
mǐn wáng lì hào yī yī tīng zhī chǔ shì táo
湣王立[5]，好[6]一一听之，处士逃。

注释

1. 竽：一种古代乐器。
2. 处士：古代指没有做过官的读书人。
3. 说：通“悦”，对……感到高兴。
4. 廪食：供给粮食。
5. 立：登位，即位。
6. 好：喜欢。

趣读古文

混得了一时，混不了一世

历史上的齐宣王非常喜欢讲排场。他喜欢音乐，特别喜欢听人吹竽。

齐宣王使人吹竽，必三百人。　齐宣王让人吹竽，一定要三百人合奏。竽是战国和汉代时流行的乐器，与笙有些像。

三百人合奏？放到今天也是一个超级大乐团！

古代对奏乐舞蹈的人数是有规定的。按照《周礼》的规定，只有周天子才可以使用八佾（64人），这也说明，齐宣王的时候，已经不再遵循《周礼》了，就是孔子说的“礼崩乐坏”了。

南郭处士请为王吹竽，宣王说之，　南郭处士请求给齐宣王吹竽，宣王对此感到很高兴。“郭”是指古代城池外围加筑的一道城墙。南郭原指住在城南的人，后来演变成了复姓。

那住在城东、城西、城北的人是不是要姓东郭、西郭、北郭？

历史上还真有这几个复姓，它们都是以地名为姓。比较有名的还有东郭先生。

廪食以数百人。　廪是粮食的意思，廪食是官府供给口粮。齐宣王拿数百人的粮食供养他。

王室乐队的待遇太好了，南郭先生岂不是要爽翻天了！

当南郭先生还沉浸在“拿着高工资不干活”的快乐中时，一件大事发生了。**宣王死，**　他的大靠山齐宣王死了。紧接着，宣王的儿子**湣王立，**　　湣王继承了王位。这位国君跟他父亲的兴趣可大不相同。他不喜欢听一群人合奏，而是**好一一听之，**　　他喜欢听乐师一个一个地演奏。弄虚作假的南郭处士急得像热锅上的蚂蚁，左思右想后，**处士逃。**　　他决定“三十六计，走为上”，于是就逃走了。靠弄虚作假，混得了一时，混不了一世啊。

后来，人们把那些无真正的才干而混在行家里面充数的人称作南郭处士。

翻译填空

齐宣王让人吹竽，（　　）要三百人合奏。南郭处士（　　）给齐宣王吹竽，宣王对此感到很（　　），拿数百人的（　　）供养他。齐宣王去世后，齐湣王继位，他喜欢听一个一个的演奏，南郭处士听后便（　　）了。

参考答案：一定、请求、高兴、粮食、逃走

写作一点通

如何扩写

这篇文章简单明了，寓意深刻，因为古文的浓缩与精炼，也留下了丰富的想象空间。例如南郭先生从滥竽充数到悄悄逃走，就留下了丰富的扩写空间，如果展开来写，人物形象会更加丰满。

扩写重点
- 装模作样地演奏时，他是什么姿态动作？
- 每月拿到俸禄时，他会想什么？说什么？有什么动作姿态？
- 一对一演奏的时候，他内心有怎样的挣扎？

思考探究

1. 南郭先生不会吹竽，那他为什么能在乐队里混过一次又一次呢？

2. 滥竽充数讽刺了哪一类人？

日积月累

1. 记住两个多音字“好”和“食”

好：好在文言文里有两个读音，读作hǎo时，常表示友好、友善；读作hào时，常表示喜好、爱好，比如“好大喜功”“好为人师”用的都是“喜好”的意思。

食：食在文言文里有三个读音，读作shí时，常表示吃、食物、俸禄等意思；读作sì时，表示供养、饲养的意思；读作yì时，一般用于人名，比如汉代有一个人叫郦食其。

2. 记住一个成语

【滥竽充数】比喻没有真才实学的人混在行家队伍中充数。也比喻以假的冒充真的，以次的冒充好的，或表示自谦，说自己水平不够，只是凑数而已。

07 自相矛盾

古籍出处

战国·韩非《韩非子·难一》

阅读背景

这个经典的寓言故事，还演化出了一个使用率极高的成语——自相矛盾，常比喻一个人说话、行动前后抵触，不一致。这则寓言告诉我们，说话、做事要实事求是，前后一致，凡事三思而后行。

原文诵读

chǔ rén yǒu yù dùn yǔ máo zhě yù zhī yuē
楚人有鬻[1]盾与矛者，誉[2]之曰：
wú dùn zhī jiān wù mò néng xiàn yě yòu yù
“吾盾之坚[3]，物莫[4]能陷[5]也。”又誉
qí máo yuē wú máo zhī lì yú wù wú bú xiàn
其矛曰：“吾矛之利，于物无不陷
yě huò yuē yǐ zǐ zhī máo xiàn zǐ zhī dùn
也。”或[6]曰：“以子之矛陷子之盾，
hé rú qí rén fú néng yìng yě fú bù kě xiàn
何如[7]？”其人弗能应[8]也。夫[9]不可陷
zhī dùn yǔ wú bú xiàn zhī máo bù kě tóng shì ér lì
之盾与无不陷之矛，不可同世而立。

注释

1. 鬻：卖。
2. 誉：称赞，夸耀。
3. 坚：坚硬。
4. 莫：没有。
5. 陷：刺破，穿透。
6. 或：有人。
7. 何如：怎么样。
8. 弗能应：不能回答。
9. 夫：放在句首，表示将发议论。

趣读古文

卖东西，还要会吆喝

矛，是古代用来刺杀敌人的长柄兵器。盾，是用于抵御刀剑、矢石的一种兵器。矛和盾都是古代战争中常见的冷兵器。

楚人有鬻盾与矛者，誉之曰：“吾盾之坚，物莫能陷也。” 楚国有一个卖矛和盾的人。他在吆喝上很有一套。他先是拿出自家的盾，夸耀道：“我的盾很坚固，无论用什么东西都无法刺破它！”

古代战争中，攻进对方的阵地，或攻破对方的城池，都叫“陷”。

盾牌主要用于防守，坚固就是它最大的优势。楚人一句话就把盾牌的优势描述得淋漓尽致。

如果我想买盾，都会动心了。

又誉其矛曰：“吾矛之利，于物无不陷也。” 这个人夸完了他的盾，又开始夸他的矛，他说：“我的矛很锐利，天底下就没有不能被它刺破的东西。”

如果我想买矛，也会动心了。

可刚想买盾的我，立刻就不想买了。

不少人被他的吆喝声吸引过来。**或曰：“以子之矛陷子之盾，何如？”** 人群中有一个人问道：“如果用你的矛去刺你的盾，会怎么样？”这个人真聪明，一下子就抓住了楚人话里的漏洞：如果他的矛什么都能刺破，那么，他的盾也会被刺破；如果他的盾不会被任何东西刺破，那么，他的矛也不能刺破他的盾。

其人弗能应也。　　那个人被问得哑口无言。

夫不可陷之盾与无不陷之矛，不可同世而立。　　什么都无法穿透的盾与什么都能刺破的矛，不能同时出现在一起。

翻译填空

楚国有个（　　）盾和矛的人，他首先（　　）自己的盾，说："我的盾很（　　），无论用什么东西都无法刺破它！"然后，他又夸耀自己的矛，说："我的矛很（　　），无论什么东西都会被它刺破！"（　　）问他："如果用你的矛去刺你的盾，会怎么样？"那个人被问得哑口无言。什么都无法刺破的盾与什么都能刺破的矛，不能同时（　　）在一起。

参考答案：卖、夸耀、坚固、锐利、有人、出现

思考探究

1. "其人弗能应也"的原因是什么？
2. 假如你是这个楚国人，会怎样推销你的"矛"和"盾"？

日积月累

描写矛盾的成语

【自相矛盾】比喻自己说话做事前后抵触。

【牛头不对马嘴】比喻答非所问，或说话语无伦次，前后不一。

【前言不搭后语】形容语无伦次，或说话自相矛盾。

08 守株待兔

古籍出处

战国·韩非《韩非子·五蠹》

阅读背景

守株待兔是我们耳熟能详的一则寓言故事，这则寓言讽刺了好逸恶劳、不知变通的农夫，告诫我们：事物是在变化发展的，不要死守狭隘的经验。这则寓言也演化出了成语“守株待兔”。

原文诵读

sòng rén yǒu gēng zhě tián zhōng yǒu zhū tù
宋人有耕者。田中有株[1]。兔
zǒu chù zhū zhé jǐng ér sǐ yīn shì qí lěi ér
走[2]触株，折颈而死。因[3]释[4]其耒[5]而
shǒu zhū jì fù dé tù tù bù kě fù dé
守株，冀[6]复[7]得兔。兔不可复得，
ér shēn wéi sòng guó xiào
而身[8]为[9]宋国笑。

注释

1. 株：树桩。
2. 走：跑。
3. 因：于是，就。
4. 释：放下。
5. 耒：古代的一种农具。
6. 冀：希望。
7. 复：又，再。
8. 身：自己。
9. 为：被。

趣读古文

好运不会天天来

韩非子写这个寓言是想劝谏统治者，不要死守陈规旧俗，而要根据当前社会的实际情况，制定相应的政治措施。

宋人有耕者。田中有株。　宋国有个农民，在田地里耕作。他的田地中有一截树桩。

株不是个量词吗？

在古代汉语里，株有好几个意思：①指露在地面的树根、树桩。②泛指草木。③量词，棵。现代汉语只保留了第三个意思。

在惜字如金的古文中，很少出现没什么用的词，“株”的出现绝不是偶然。果然，下文它就派上用场了。**兔走触株，折颈而死。**　一只跑得飞快的野兔撞在了树桩上，扭断了脖子死了。

兔子好好走着，怎么会撞死呢？

在古汉语里，走是跑、奔跑的意思。古人说走，常用“行、步”。

农民生活很辛苦，可能一年都吃不上一次肉，这下白白捡了只兔子，可比辛辛苦苦种田好多了。**因释其耒而守株，冀复得兔。**　于是，这个农民便放下他的农具，日日夜夜守在树桩子旁边，希望能再次得到一只兔子。耒是古代常用的农具，用来翻土，形状像木叉。见下页图。

但是，奔跑的野兔撞到树桩子上并撞死的概率太小了，怎么可能天天都有这样的好事呢？**兔不可复得，而身为宋国笑。** 自己一头撞死的兔子是不可能再有的，宋国人空等着，田地荒废了，他自己也被宋国的人耻笑。成语守株待兔就是从这则寓言演化出来的，一般比喻死守经验，不知变通，也用以讽刺妄想不劳而获的侥幸心理。

耒

翻译填空

宋国有个人在田地里耕作。他的田地中有一截（　　）。一天，一只跑得飞快的野兔撞在了树桩上，扭断了（　　）死了。于是，农民便放下他的（　　），日日夜夜守在树桩子旁边，（　　）能再得到一只兔子。然而野兔是不可能（　　）得到的，而他自己也被国人所耻笑。

参考答案：树桩、脖子、农具、希望、再次

写作一点通

如何让故事更有张力？

这篇文章叙事短小却精巧，尤其是环环相扣的故事情节，让故事显得更有张力。通过一个故事来阐述一个道理，也是寓言常见的写作手法。

守株待兔	
人物	宋人
地点	田中
事件一，同时也是下一事件的原因	兔子在树桩上撞死了
事件二	宋人不干活，天天等着兔子撞死
结果	兔不可复得，宋人也成了笑料

思考探究

1. 你从这个故事里受到什么启发？
2. 这个人成为宋国笑料的原因是什么？

日积月累

古人的“步、行、趋、走、奔”的不同之处

古人云：“徐行曰步，疾行曰趋，疾趋曰走。”它们的不同之处主要表现在速度上——

步：慢行。相当于今天的“散步”。

行：相当于今天“正常速度的行走”。

趋：小步快走。

走：跑。

奔：急跑。

所以，这五个词的速度由慢到快的顺序是：步-行-趋-走-奔。

孟子、列子、墨子寓言

09 月攘一鸡

古籍出处

战国 · 孟子《孟子 · 滕文公下》

阅读背景

孟子，名轲，邹国人，是战国时期儒家的代表人物，被尊为“亚圣”。孟子及其弟子所著的《孟子》是儒家的经典著作，也是后世“四书”之一。

滕文公是战国时滕国的贤君，他以太子身份出使楚国，在途经宋国时，两次拜见孟子，向他请教治理国家的办法。

原文诵读

jīn yǒu rén rì rǎng qí lín zhī jī zhě huò gào
今有人日攘[1]其邻之鸡者。或[2]告

zhī yuē shì fēi jūn zǐ zhī dào yuē qǐng
之曰：“是非[3]君子[4]之道。”曰：“请

sǔn zhī yuè rǎng yì jī yǐ dài lái nián
损[5]之，月攘一鸡，以待来年[6]

注释

❶攘：窃取，偷。

❷或：有人。

❸是非：这不是。

❹君子：这里指行为端正的人。

❺损：减少。

❻来年：明年。

rán hòu yǐ　rú zhī qí fēi yì　sī　sù yǐ yǐ
然后已[7]。”如知其非义，斯[8]速已矣，

hé dài lái nián
何待来年？

[7] 已：停止。

[8] 斯：那么，就。

趣读古文

小偷的逻辑

滕文公途经宋国，去拜见孟子，向他询问治国的方法。孟子说治理天下是很容易的事，只是看君王想不想做，并不是他能不能做。宋国大夫戴盈之决定减免百姓的部分捐税，但又说：“今年年内还办不到，请让我先稍微减一些，等到明年再彻底施行，怎么样？”孟子没有正面回答，而是讲了这个故事。

今有人日攘其邻之鸡者。　“有……者”是文言文中的一个固定格式，可以翻译为“有……的”“有……的人”。这句话可以翻译为：现今，有一个每天都要偷邻居家一只鸡的人。但是按照现代汉语的语言习惯，我们也可以说：有一个人，每天都要偷邻居家一只鸡。

“日”是名词作状语，意思是每日，每天。

或告之曰：“是非君子之道。”　有人劝告他说：“这不是行为端正、品德高尚的人所拥有的道德。”“或”在文言文里是“有的，有的人”的意思，与现在的意义差别很大。

曰：“请损之，月攘一鸡，以待来年然后已。”　他回答说：“那就让我减少这种行为吧，以后每个月偷一只鸡，等到明年我就不偷了。”请，可理解为答应，并愿意付诸努力。

这不还是偷？

是。一旦习惯了做那些能够占到便宜的、对自己有利的事情，就很容易上瘾，难以戒掉。宋国大夫戴盈之就难以戒掉向百姓收税的行为。

如知其非义，斯速已矣，何待来年？ 如果知道偷鸡不对，就应该马上改正，为什么还要等到明年呢？

小到改正一个错误，大到治理一个国家，道理相同。孟子是想借这个故事告诉戴盈之：如果你想减免百姓的捐税，马上就可以做，为什么还要等到明年呢？

翻译填空

有一个人，每天都要（ ）邻居家一只鸡。（ ）劝告他说：“这（ ）行为端正、品德高尚的人所拥有的道德。”他回答说：“那就让我（ ）这种行为吧，以后每个月偷一只鸡，等到（ ）我就不偷了。”如果知道偷鸡不对，就应该马上（ ），为什么还要等到明年呢？

参考答案：偷、有人、不是、减少、明年、停止

写作一点通

口语交际——劝说的艺术

孟子讲这个故事的目的在于劝导国君减免赋税。劝说他人是一门艺术。首先，目的要明确；其次，要根据不同的对象，使用不同的技巧。面对国

君，不宜直谏，就更要讲究技巧，孟子就用了邻人“月攘一鸡”的故事劝导了国君。

- 劝说的方法
  - 要言之有理 —— 偷别人的鸡“非君子之道”
  - 语言要委婉，避免激化矛盾 —— 以邻人“月攘一鸡”的故事委婉劝告统治者，减税也该当机立断
  - 抓住要点，一语中的 —— “如知其非义，斯速已矣，何待来年？”一句话点中要害

思考探究

1. 文中“月攘一鸡”讽刺了什么样的人？
2. 你觉得应该如何对待那些“月攘一鸡”的人？

日积月累

四书

四书之说始于南宋，是《论语》《孟子》《大学》《中庸》的合称，又称四子书。南宋理学家朱熹从《礼记》中摘出《中庸》《大学》两篇分章断句，加以注释，与《论语》《孟子》合为“四书”。

10 揠苗助长

古籍出处

战国 · 孟子《孟子 · 公孙丑上》

阅读背景

公孙丑是孟子的弟子，《孟子》一书就是孟子和弟子万章、公孙丑等人所著。在《孟子 · 公孙丑》里，孟子借着与公孙丑的问答表达出自己的政治、思想观点。在表达观点时，孟子常常借用一些寓言故事的形式。“揠苗助长”这则寓言就用以表达“浩然正气”不应刻意培养，而应遵循本心的观点。“揠苗助长”也叫“拔苗助长”。

原文诵读

sòng rén yǒu mǐn qí miáo zhī bù zhǎng ér yà
宋人有悯[1]其苗之不长而揠[2]

zhī zhě máng máng rán guī wèi qí rén yuē jīn
之者，芒芒然[3]归，谓其人曰：“今

rì bìng yǐ yú zhù miáo zhǎng yǐ qí zǐ qū
日病[4]矣，予[5]助苗长矣！”其子趋[6]

注释

① 悯：担心，忧虑。

② 揠：拔。

③ 芒芒然：疲倦的样子。

④ 病：筋疲力尽，是引申义。

⑤ 予：我，第一人称代词。

⑥ 趋：快走。

ér wǎng　shì zhī　miáo zé gǎo　yǐ　tiān xià zhī bú zhù
而往⑦视之，苗则槁⑧矣。天下之不助

miáo zhǎng zhě guǎ yǐ　yǐ wéi wú yì ér shě zhī zhě
苗长者寡矣。以为无益而舍之者，

bù yún miáo　zhě yě　zhù zhī zhǎng zhě　yà miáo zhě
不耘苗⑨者也。助之长者，揠苗者

yě　fēi tú　wú yì　ér yòu hài zhī
也，非徒⑩无益，而又害之。

⑦往：去，到……去。

⑧槁：草木干枯。

⑨耘苗：给苗锄草。

⑩非徒：非但。徒，只是。

趣读古文

急于求成害死“苗”

任何事物的发展都有它自身的规律，纯靠良好的愿望和热情是不够的，很可能效果还会与主观愿望相反。

宋人有悯其苗之不长而揠之者，　宋国有个人担心他种的禾苗长不高，于是到地里用手把它们一株一株地拔高。

“拔苗助长”和“揠苗助长”讲的是一个故事吗？

是一个故事。我们小时候学的是“拔苗助长”。那时候编教材的老师们大概觉得“揠”这个字太古雅，又难写，孩子理解有难度，直接换成了意义相近的“拔”。后来又改回了原字。

芒芒然归，谓其人曰：“今日病矣，予助苗长矣！”　这个宋国人累得气喘吁吁，疲惫不堪地回到家，对他家里人说：“今天可真把我累坏啦！不过，我总算让禾苗一下子就长高了！”“然”在文言文里可以作为助词，用在形容词或副词之后，表示“……的样子”。“芒芒然”是疲倦的样子。在文言文里，“予”是第一人称代词，是“我”的意思。

“病”不是生病的意思吗，怎么是累坏了呢？

在古代汉语里，病可以表示生病，但这个“病”通常是重病，症状较轻的病叫“疾”，现代汉语里已经没有这个区别了。古汉语里，“病”还引申为疲惫不堪，这个用法现代汉语里也没有了。

其子趋而往视之，苗则槁矣。　宋人的儿子连话都顾不上说，就赶紧跑到田里去看苗。禾苗已全部枯死了。“趋”是跑、快步走的意思。这个“趋”用得好。换位思考，如果你父亲的行为如此反常，你是不是也得“趋”？

看到此情此景，该如何对待父亲呢？跟他生气，可他的出发点是好的；不发一言，可他的行为又造成了严重的后果。该怎么办呢？孟子给出了答案。

天下之不助苗长者寡矣。　民以食为天，天下不帮助自己家的禾苗长高的人是很少的。

以为无益而舍之者，不耘苗者也。　认为养护庄稼没有用处而不去管它们的，是只种庄稼不除草的懒汉。

助之长者，揠苗者也，　而一厢情愿地去帮助庄稼生长的，就是这种拔苗助长的人呀。“……者，……也”是古汉语中常见的表示判断的句式。**非徒无益，而又害之。**　这种行为不仅没有益处，反而害死了庄稼。

对待庄稼是这样，做别的事情也是一样的道理，不能急于求成而违背事物的发展规律。全篇仅通过一个小故事，就讲明了道理，这就是寓言的魅力。

翻译填空

宋国有个人（　　）他种的禾苗长不高，于是到地里用手把它们一株一株地（　　），累得气喘吁吁地回家，对他家里人说："今天可真把我（　　）啦！不过，我总算让禾苗一下子就长高了！"他的儿子（　　）地里一看，禾苗已全部（　　）。天下不帮助自己的禾苗长高的人是很少的。认为养护庄稼没有用处而不去（　　）它们的，是只种庄稼不除草的懒汉。一厢情愿地去帮助庄稼生长的，就是这种拔苗助长的人，不仅没有（　　），反而害死了庄稼。

参考答案：担心、拔高、累坏、跑到、枯死、管理、益处

思考探究

1. 生活中，你见过哪些与"揠苗助长"类似的行为？
2. 如果你是文中的儿子，你会对父亲说什么？

日积月累

了解几个与"揠苗助长"意义相近的俗语或成语

【适得其反】恰恰得到与愿望相反的结果。

【欲速则不达】指违背规律、一味求快，反而达不到目的。

【心急吃不了热豆腐】比喻心急就会得不偿失，做事情应该按照程序、步骤，否则将一事无成。

11 朝三暮四

古籍出处

战国·列子《列子·黄帝》

阅读背景

“朝三暮四”既是一则寓言故事，也是一个成语。作为成语，朝三暮四原指玩弄手法欺骗人，后用来比喻常常变卦，反复无常。这其实跟这则故事的寓意有所偏离了。这则故事通过揭露狙公愚弄猴子的骗术——橡子的总数没有变，只是分配方式有所变化，猴子们就转怒为喜，告诫人们要注重实际，防止被花言巧语所蒙骗。

原文诵读

sòng yǒu jū gōng zhě　ài jū　yǎng zhī chéng qún　néng jiě jū zhī yì　jū yì dé gōng zhī xīn
宋有狙公者，爱狙[1]，养之成群，能解狙之意；狙亦得公之心[2]。

sǔn qí jiā kǒu　chōng jū zhī yù　é ér kuì yān　jiāng xiàn qí shí　kǒng zhòng jū zhī bú xùn
损[3]其家口，充[4]狙之欲[5]。俄而[6]匮[7]焉，将限其食，恐众狙之不驯[8]

注释

1. 狙：猴子。
2. 得公之心：了解养猴老人的心思。
3. 损：减。
4. 充：满足。
5. 欲：欲望，要求。
6. 俄而：不久。
7. 匮：缺乏。
8. 驯：驯服，听从。

yú jǐ yě　xiān kuáng　zhī yuē　yǔ ruò　xù
于己也。先诳[9]之曰："与若[10]芧[11]，
zhāo sān ér mù sì　zú hū　zhòng jū jiē qǐ ér
朝三而暮四，足乎？"众狙皆起而
nù　é ér yuē　yǔ ruò xù　zhāo sì ér mù sān
怒。俄而曰："与若芧，朝四而暮三，
zú hū　zhòng jū jiē fú ér xǐ
足乎？"众狙皆伏而喜。

[9] 诳：欺骗。

[10] 若：文言文中的人称代词，代"你""你们"，文中指猴子们。

[11] 芧：橡实。

趣读古文

猴子饲养员的把戏

宋有狙公者，爱狙，养之成群，　宋国有一个养猴子的老人，人们叫他狙公。他很喜欢猴子，在家养了一群猴子。**能解狙之意；狙亦得公之心。**　他能懂得猴子们的心意，猴子们也懂得狙公的心意。如果你也养过宠物，就能理解狙公的行为。

古代人也喜欢养宠物吗？

是的。"朝三暮四"这个典故可能是关于古代畜猴的最早记载了。这个老人养猴子大概像今天养宠物猫、狗一样。

狙公把这些猴子当作家人一样看待，尽量满足它们的要求。**损其家口，充狙之欲。**　狙公甚至缩减了全家的口粮，来满足猴子们的食欲。**俄而匮焉，将限其食，恐众狙之不驯于己也。**　但是，没过多久，家里就缺食物了，他想要缩减猴子们的食物，又担心猴子们生气，不再服从自己。

怎么会没有吃的呢？

春秋战国时期，生产力水平低下，粮食产量不高，普通人家常年能吃饱饭的都不多，更别说要喂养这么多猴子了。

橡子

狙公左思右想，想到一个替代方案，用橡子作为猴子们的食物。橡子是栎树的果实，成熟后可以食用。

先诳之曰："与若芧，朝三而暮四，足乎？" 他先骗猴子们说："我给你们的橡子，早上三（　），晚上四（　），这样够吗？"你们觉得，括号里的量词应该填"个"呢还是"升"呢？

橡子那么小，三四个肯定是不够猴子吃的呀。

是的。一只猴子一天大概要吃掉3斤以上的粮食，所以这里的三、四，应该指的是三升、四升。升是战国时期常见的度量单位，各诸侯国每升具体所指不一样，大概四升也才二斤左右。

众狙皆起而怒。 众多猴子一听，一个个都跳了起来，龇牙咧嘴，非常生气。

俄而曰："与若芧，朝四而暮三，足乎？" 猴子们的反应显然也在狙公的预料之中。等猴子们闹了一会儿，他又说："我给你们的橡实，早上四升，晚上三升，这样够吗？"

众狙皆伏而喜。 猴子们听后都开心地趴下，对狙公服服帖帖的。不管是早上三升晚上四升还是早上四升晚上三升，总数是一样的，只是改变了分配方式，而猴子们的喜怒却因此而不同。它们被颠倒的现象迷惑，空欢喜了一场，狙公却顺着众猴的心思，用一场数字把戏让猴子们心满意足。

翻译填空

宋国有一个养（　　）的老人，他很喜欢猴子，在家养了一群猴子，他能懂得猴子们的（　　），猴子们也懂得他的心意。狙公因此（　　）了他全家的口粮，来（　　）猴子们的食欲。但是不久，家里（　　）食物了，他将要缩减猴子们的食物，但又怕猴子们生气不（　　）自己，就先（　　）猴子们："我给你们的橡实，早上三升，晚上四升，这样够吗?"众猴子一听很生气，都跳了起来。过了一会儿，他又说："我给你们的橡实，早上四升，晚上三升，这样足够吗?"猴子们听后都很开心地（　　），对狙公服服帖帖的了。

参考答案：猴子、心意、缩减、满足、缺乏、服从、欺骗、趴下

思考探究

1. "朝三暮四"改成"朝四暮三"之后，猴子为什么由怒转喜?
2. 从这个故事中你明白了什么道理?

日积月累

认识两个成语

【朝三暮四】原指玩弄手法欺骗人。后用来比喻常常变卦，反复无常。

【朝秦暮楚】原指战国时期，秦楚两个诸侯大国相互对立，经常作战。有的诸侯小国为了保证自身的利益与安全，时而倾向秦，时而倾向楚。现多比喻反复无常。

⑫ 疑邻盗斧

古籍出处

战国 · 列子《列子 · 说符》

阅读背景

列子名列御寇，战国时期郑国人。《列子》共8篇，保存了很多寓言故事。这些故事多数采自民间传说，如杞人忧天、疑邻盗斧等。

原文诵读

rén yǒu wáng fǔ zhě, yì qí lín zhī zǐ,
人有亡𫓧[1]者，意[2]其邻之子，

shì qí xíng bù, qiè fǔ yě; yán sè, qiè
视[3]其行步[4]，窃[5]𫓧也；颜色[6]，窃

fǔ yě; yán yǔ, qiè fǔ yě; dòng zuò tài dù wú
𫓧也；言语[7]，窃𫓧也；动作态度无

wéi ér bú qiè fǔ yě. é ér hú qí gǔ ér dé qí
为而不窃𫓧也。俄而[8]扣[9]其谷而得其

fǔ, tā rì fù jiàn qí lín rén zhī zǐ, dòng zuò tài dù
𫓧，他日复见其邻人之子，动作态度

wú sì qiè fǔ zhě.
无似窃𫓧者。

注释

①𫓧：通“斧”。

②意：怀疑。

③视：观察。

④行步：走路的样子。

⑤窃：偷。

⑥颜色：面部表情。

⑦言语：言谈话语。

⑧俄而：后来，不久。

⑨扣：发掘。

趣读古文

重度疑心病患者

人有亡鈇者，意其邻之子， 有一个人丢失了一把斧子，他没有去找，而是怀疑邻居的儿子偷走了斧子。

你是否也有过这样的经历？

嗯嗯，是的。有一次，我新买的橡皮丢了，我就觉得是同桌拿的，可他就是不承认。

一旦心生怀疑，就会改变一个人看事情的态度。丢斧子的那个人生出了怀疑之心，就觉得邻居的儿子哪儿哪儿都不对。**视其行步，窃鈇也；** 看他走路的姿势，像是偷斧子的；**颜色，窃鈇也；** 看他的面部表情，也像是偷斧子的；**言语，窃鈇也；** 听他言谈话语，更像是偷斧子的；**动作态度无为而不窃鈇也。** 看他的一言一行，一举一动，无不像是一个偷斧子的，鬼鬼祟祟，闪烁其词，哪儿哪儿都不正常。

颜色和面部表情是怎么扯上关系的呢？

说起“颜色”，我们想到的是赤橙黄绿青蓝紫。但古文的“颜色”是两个词，“颜”指的是容颜，色指的是脸上的神情姿态。所以“颜色”翻译为面部表情。

丢斧子的人怀疑邻居的儿子却没有任何依据，这种没有依据的怀疑，我们称作“疑心病”。疑心病容易乱人心智，还好，没过多久，这个人就幸运地找到了“解药”。**俄而扣其谷而得其鈇，** 不久，这个人在山谷里挖土时找到了他的斧子。**他日复见其邻人之子，动作态度无似窃鈇者。** 第二天，他又看见邻居的儿子，觉得他动作和态度没有一点像是偷斧子的了。他的重度疑心病也随之痊愈了。整个过程，邻居儿子完全是“躺着中枪”。

主观成见，是认识客观真理的障碍。当人带着成见去观察世界时，必然会歪曲客观事物的原貌。这也是我们要引以为戒的。

翻译填空

有一个人（　　）了一把斧子，他（　　）是邻居家的儿子偷走了，他看邻居儿子（　　）的姿势，像是偷斧子的；面部（　　），也像是偷斧子的；言谈话语，更像是偷斧子的；一言一行，一举一动，无不像是一个偷斧子的人。（　　），这个人在山谷里挖土，找到了自己丢失的斧子。第二天，他又看见邻家的儿子，动作和态度一点也不像偷斧子的人了。

参考答案：丢失、怀疑、走路、表情、不久。

写作一点通

如何描写心理活动

这篇文章的独特之处在于，一个人的心理活动构成故事的内容。心理描写，是揭示人物内心活动状态的一种写法。跟语言、行动描写相比，它更能直接表现人物的思想感情和思想斗争，不但可以把人物写“活”，而且能使文章的主题思想表现得更加鲜明、突出，引起读者的共鸣。

未找到斧子前——视其行步、颜色、言语、动作态度都像是偷斧子的

找到斧子后——动作态度哪里都不像偷斧子的

思考探究

1. 从这个故事里，你受到什么启发？
2. 生活中，你遇到过这样的事情吗？你是怎样处理的？

日积月累

形容疑心病的几个成语

【疑邻盗斧】指不注重事实依据，对人对事胡乱猜疑。

【疑神疑鬼】这也怀疑，那也怀疑。形容非常多疑。

【草木皆兵】把山上的草木都当作敌兵。形容人在惊慌时疑神疑鬼。

13 楚王好细腰

古籍出处

战国 · 墨子《墨子 · 兼爱》

阅读背景

墨子是春秋末期战国初期宋国人，墨家学派的创始人。《墨子》是墨家门人及后学记录和辑集墨子言行的书。“楚王好细腰”一事记载在众多古籍中，《墨子》中描述得比较详细，另有“晋文公好恶衣”和“越王好勇士”两个故事，强调说明同样的道理——君王的爱好要克制。

原文诵读

xī zhě jìn wén gōng hào shì zhī è yī gù wén gōng zhī chén jiē zāng yáng zhī qiú wéi yǐ dài jiàn liàn bó zhī guàn rù yǐ jiàn yú jūn chū yǐ jiàn yú cháo shì qí gù hé yě jūn yuè zhī gù chén wéi zhī yě

昔者晋文公好[1]士之恶衣[2]，故文公之臣，皆牂羊[3]之裘，韦[4]以带剑，练帛[5]之冠，入以见于君，出以践于朝。是其故何也？君说[6]之，故臣为之也。

xī zhě chǔ líng wáng hào shì xì yāo gù líng wáng

昔者楚灵王[7]好士细腰，故灵王

注释

[1] 好：喜欢。

[2] 恶衣：不好的衣服。

[3] 牂羊：母羊。

[4] 韦：熟牛皮。

[5] 练帛：熟绢，一种普通的布料。

[6] 说：同“悦”，高兴。

[7] 楚灵王：春秋中期楚国国君。

之臣，皆以一饭为节[8]，胁息[9]然后带[10]，扶墙然后起。比[11]期年[12]，朝有黧黑[13]之色。是其故何也？君说之，故臣能之也。

昔越王勾践[14]好士之勇，教驯其臣，和合[15]之。焚舟失火，试[16]其士曰：“越国之宝尽在此！”越王亲自鼓[17]其士而进之。其士闻鼓音，破碎乱行，蹈[18]火而死者，左右百人有余，越王击金[19]而退之。

8 节：限制，节制。

9 胁息：屏住呼吸。

10 带：束带。

11 比：等到，及至。

12 期年：一周年。

13 黧黑：黑中带黄的颜色。

14 勾践：越国国君。

15 和合：集合。

16 试：试探。

17 鼓：击鼓。

18 蹈：踩踏。

19 击金：退却、收兵的号令。

趣读古文

君王的爱好要克制

墨子是先秦诸子中的另类，他主张“兼爱，非攻”，希望天下人能够相互爱护，比如君主爱护自己的百姓，百姓也能为君赴汤蹈火。这看似很困难，但墨子认为是能够实现的，就看君王能否起到榜样作用。历史上，这样的例子比比皆是。墨子选了三个君主来举例。

第一个是晋文公的例子。晋文公，名重耳，春秋五霸之一。他在外流亡了19年，才当上了霸主。可能是因为他在流亡中经历了太多艰辛，吃过苦，挨过饿，所以就格外节俭。**昔者晋文公好士之恶衣，**　　从前，晋文公喜欢士人穿不好的衣服。

中华成语中，和晋文公重耳相关的就有500多个，比如竭泽而渔、号令三军、退避三舍、唇亡齿寒、秦晋之好等。另外，寒食节也是因晋文公而来的。

故文公之臣，皆牂羊之裘，　　所以晋文公的臣子们，为了迎合君主的喜好，也就是“拍马屁”，就都穿着用母羊皮缝的裘。比较好的裘是用羔羊皮制作的。母羊因为生养的缘故，身上的毛，尤其是肚子上的毛比较稀疏，不太保暖，皮料比羔羊皮差很多。

韦以带剑，练帛之冠，　　臣子们用熟牛皮做腰带来挂佩剑，用熟绢来做帽子戴。古人很在意腰带，贵族们常在腰带上镶嵌玉石，相比之下，用熟牛皮做腰带是非常简陋的。熟绢是一种很普通的布料，对大臣来说，用它来做帽子是很没有档次的。在古代，一般普通百姓才使用这些材料。

入以见于君，出以践于朝。　　臣子们的这身打扮进可以参见君王，出可以往来于朝廷。

这没什么啊？大家都艰苦朴素呗。

那时候，穿着是身份和阶层的标志，什么阶层应该享有什么样的衣着是有严格规定的，老百姓再有钱也不能穿官员的衣服，甚至不能使用特别的颜色和款式。

臣子们本来是有特定的穿着的，现在却集体来炫“穷”，这是很不正常的。那么，**是其故何也？**　　这是什么缘故呢？**君说之，故臣为之也。**　　原因很简单，君主喜欢，所以臣子们就迎合着君主的喜好去做事。

墨子讲的第二个例子是关于楚灵王的。

昔者楚灵王好士细腰，故灵王之臣，皆以一饭为节，　　从前楚灵王喜欢细腰之人，所以灵王的臣子们就开始节食，每天只吃一顿饭。

原来2000多年前的古人，减肥也靠饿啊，哈哈哈！

有过减肥经历的人都知道，想瘦，就要对自己狠一点。楚灵王的大臣们对自己有多狠呢？**胁息然后带，扶墙然后起。**　　带是腰带的意思。古代男人们也穿裙装，楚国的贵族和大臣们穿的是宽袍大袖的曲裾，外面需要系腰带。为了勒出小细腰，大臣们真是拼了老命。他们先使劲吸一口气，让肚子缩进去，然后才系上腰带，也许是勒得喘不过气了，也许是饿得没力气了，他们要扶着墙才站得起来。

太疯狂了！我妈减肥都没这么拼啊！

你想想，减肥的可都是男人，如果体型再大一点，一天只吃一顿饭，长此以往会怎么样呢？

比期年，朝有黧黑之色。　　过了一年，朝廷之臣都面色黑黄，看着有气无力。即使这样，他们还在坚持节食。其实只是脸色差还算好的，真实情况是“楚王好细腰，宫中多饿死”。

是其故何也？君说之，故臣能之也。　　这是什么缘故呢？很简单，因为君主喜欢。君主喜欢什么样的，大臣们就能够做到什么样。“上有所好，下必从之”，作为“上”的君主，该怎么把控自己的喜好呢。墨子讲的第三个例子——越王勾践，就做出了很好的示范。

昔越王勾践好士之勇，教驯其臣，和合之。　　从前，越王勾践喜欢他的士兵们作战勇猛，便经常给士兵们搞“拉练”。为了试探士兵们是否真的勇猛，他就做了一场戏，把士兵们集合起来。

焚舟失火，试其士曰："越国之宝尽在此！" 他让人点火烧船，伪装成有敌人来犯的场景，接着考验他的士兵们说："越国的财宝都在这里了！"意思是说，你们快去把它们抢救回来。

为了做戏做得更真，**越王亲自鼓其士而进之，** 勾践亲自擂鼓，鼓励士兵们向前冲。

其士闻鼓音，破碎乱行。 果然，士兵们听到鼓声，斗志昂扬，争先恐后地往前冲去，队伍都被打乱了。

蹈火而死者，左右百人有余， 士兵冲杀得红了眼，踏进火里被烧死的士兵，大概有一百多人。这后果大概连勾践也没有想到，再这么冲杀下去，无辜死去的士兵会越来越多。于是**越王击金而退之。** 越王勾践赶紧发出收兵的信号，让士兵们退下。击金不是击打金子。金是指军队中作战时用来发信号用的乐器。击金，也叫鸣金。

翻译填空

从前晋文公（　　）士人穿不好的衣服，所以文公的臣下都穿着（　　）缝的裘，围着牛皮带来挂佩剑，头戴熟绢做的帽子，这身打扮，进可以参见君上，出可以往来（　　）。这是什么（　　）呢？因为君主喜欢这样，所以臣下就这样做。

从前楚灵王喜欢细腰之人，所以灵王的臣下就每天吃一顿饭来节食，（　　）然后才系上腰带，扶着墙然后才站得起来。一年后，朝廷之臣都饥瘦得面有（　　）之色。这是什么缘故呢？因为君主（　　）这样，所以臣下能做到这样。

从前越王勾践喜爱士兵勇猛，训练他的臣下时，先把他们（　　）起来，然后放火烧船，考验他的将士说：“越国的财宝都在这船里。”越王亲自擂鼓，让将士前进。将士听到鼓声，争先恐后地冲上去，打乱了队伍，蹈火而死的人，达一百余人。越王于是鸣金让他们退下。

参考答案：喜欢、母羊皮、朝廷、缘故、吸一口气、黄黑、喜欢、集合

写作一点通

文章要有结构——总分

文章结构是文章的骨架，是谋篇布局的手段，是运用材料反映中心思想的方法。这篇文章采用了总分式的结构，来说明“君王爱好要克制”的道理。

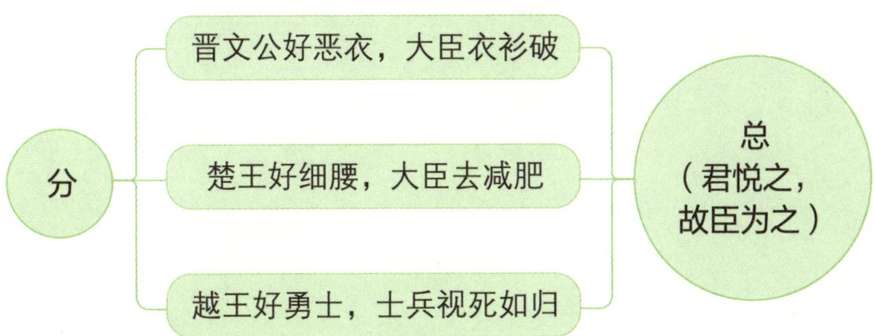

思考探究

1. 如果你是晋文公的臣子，你会穿“恶衣”吗？为什么？
2. 展开想象，说一说知道楚灵王喜爱细腰后，大臣们会想些什么？

《吕氏春秋》里的文章大多篇幅短小，它把丰富的神话传说、轶闻故事用作寓言，讽刺时事。《吕氏春秋》里的寓言大多情节比较完整。在写作上，往往先提出论点，然后用一则或数则故事加以论证，既生动形象又有很强的逻辑说服力。

第2单元

《吕氏春秋》寓言

14 刻舟求剑

古籍出处

战国 · 吕不韦《吕氏春秋 · 察今》

阅读背景

吕不韦本是战国时期的一位大商人，结识了在邯郸做人质的秦国公子子楚，认为“此奇货可居”，便花钱运作，帮助子楚成为秦国王位继承人。子楚继位后，吕不韦为相邦。他养了很多门客，《吕氏春秋》就是吕不韦组织属下门客们创作的一部杂家名著。

刻舟求剑的故事出自《吕氏春秋 · 察今》，后演化成一个成语，比喻死守教条，拘泥成法，固执不变通的人。

原文诵读

chǔ rén yǒu shè jiāng zhě qí jiàn zì zhōu zhōng
楚人有涉[1]江者，其剑自舟中
zhuì yú shuǐ jù qì qí zhōu yuē shì wú jiàn
坠于水。遽[2]契[3]其舟曰：“是[4]吾剑
zhī suǒ cóng zhuì zhōu zhǐ cóng qí suǒ qì zhě rù
之所从坠[5]。”舟止，从其所契者入
shuǐ qiú zhī zhōu yǐ xíng yǐ ér jiàn bù xíng qiú
水求[6]之。舟已行矣，而剑不行，求
jiàn ruò cǐ bú yì huò hū
剑若此[7]，不亦惑[8]乎！

注释

[1] 涉：过，渡。
[2] 遽：急忙，立刻。
[3] 契：用刀刻。
[4] 是：这儿。
[5] 所从坠：掉下去的地方。
[6] 求：寻求，寻找。
[7] 若此：像这样。
[8] 惑：愚蠢，糊涂。

趣读古文

如何找到一把剑

楚人有涉江者，其剑自舟中坠于水。　楚国有个人，坐船渡江时，他的佩剑从船中掉到水里。战国时期，楚国人佩剑已经成为习俗，那时候他们佩的剑应该是青铜剑。

涉是渡的意思，涉江就是渡江。成语“远涉重洋”用的就是这个意思。屈原创作的一首诗就叫《涉江》。

楚人喜欢配剑，剑掉进了水里，一般人都会急得不得了，想马上把剑捞出来。可这个人的反应却异于常人。**遽契其舟曰：“是吾剑之所从坠。”**　他不急着去捞剑，而是急着在船舷上刻上记号，说：“这儿是我的剑掉下去的地方。”特别注意“契”字，它的古字形像用刀刻图案的样子，本义就是“刻”。甲骨文又名契文或殷契，就是因为这种文字是古人用刀刻在龟甲或兽骨上的。

甲骨文　　小篆　　楷书

“是吾剑之所从坠”怎么有点怪怪的？

这是古代汉语里的判断句。一定要注意，“是”跟现代汉语的“是”意义不一样，而是“这儿”的意思。“所从坠”就是“从所坠”，意思是：从这里掉下去。

看到楚人的行为，同行的人大概都觉得莫名其妙，这人到底要干吗呢？**舟止，从其所契者入水求之。** 船到目的地后停了下来，这个楚国人从他刻记号的地方跳进水里寻找剑去了。

呃，这怎么可能找到，剑又不是掉在停船的地方。

舟已行矣，而剑不行， 船已经在行进了，但是掉进水里的剑却不会随船行进。那么在船舷上刻记号有什么用呢？**求剑若此，不亦惑乎！** 用这样的方法寻找剑，不是很糊涂吗？

世界上的事物总是在不断地发生变化，不能墨守成规、死守教条，而是要根据事情的发展变化灵活、变通地处理问题。

翻译填空

楚国有个人坐船（　　），他的佩剑从（　　）掉到水里。他（　　）用小刀在船舷上（　　）下记号，说："这是我的剑掉下去的地方。"船到目的地后停了下来，这个楚国人从他刻记号的地方跳到水里（　　）剑。船已经在行进了，但是剑没有移动，像这样寻找剑，不是很（　　）吗？

参考答案：渡江、船中、急忙、刻、寻找、糊涂

思考探究

1. 这个故事告诉我们什么道理？
2. 如果你在现场，你会如何劝告楚人？

日积月累

《吕氏春秋》与“一字千金”

战国时期，很多大思想家都在著书立说。吕不韦也召集了很多门客，并让这些门客发挥集体智慧，写了一部书《吕氏春秋》。书成之后，吕不韦把书挂在咸阳的城门上，让大家挑毛病。他贴出告示说：如果有人能够在上面改一个字，就赏赐千金。这就是“一字千金”的来源。

后也有人把《吕氏春秋》称为“一字千金”之书。

15 父善游

古籍出处

战国·吕不韦《吕氏春秋·察今》

阅读背景

《察今》是《吕氏春秋》里的一篇散文，意在向秦国的统治者说明，法令制度的制定应从当时的社会实际出发，并随着客观形势的变化而与时俱进，不应该拘泥古法。“刻舟求剑”和“父善游”都是《察今》这篇文章里举的例子，用以说明做事要变通的道理。

原文诵读

yǒu guò yú jiāng shàng zhě jiàn rén fāng yǐn
有过于江上[1]者，见人方引[2]
yīng ér ér yù tóu zhī jiāng zhōng yīng ér tí rén wèn
婴儿而欲投之江中。婴儿啼，人问
qí gù yuē cǐ qí fù shàn yóu qí fù
其故，曰：“此其父善[3]游。”其父
suī shàn yóu qí zǐ qǐ jù shàn yóu zāi yǐ
虽善游，其子岂[4]遽[5]善游哉？以
cǐ rèn wù yì bì bèi yǐ
此任物[6]，亦必悖[7]矣。

注释

1 过于江上：经过江边。

2 方引：正拉着。引，拉着。

3 善：擅长。

4 岂：难道。

5 遽：就。

6 以此任物：用这种观点来对待事物。

7 悖：违反，违背。

趣读古文

游泳能够遗传吗

有过于江上者，见人方引婴儿而欲投之江中。 有个人经过江边，看见一个人正拉着一个小孩要把他投到江里去。

婴儿原指出生不久的小孩，这里指的是幼儿，翻译成小孩。

婴儿啼，人问其故， 小孩吓得直哭，经过的人忙问那人这样做的原因。光天化日，把活生生的一个孩子扔进江里也太反常了。到底是怎么回事呢？**曰：“此其父善游。”** 那人回答：“这孩子的父亲擅长游泳。”这个回答真是让人大跌眼镜，我们甚至可以想象到说话人的不以为然和问话人的目瞪口呆。

其父虽善游，其子岂遽善游哉？ 孩子的父亲擅长游泳，孩子就一定擅长游泳吗？

照他的逻辑，我爸爸还是博士呢，我是不是可以不用学习啦？

技能和知识是不会遗传的。

以此任物，亦必悖矣。 用这种观点对待事物，也一定是违反常理的。我们都知道，知识和技能是无法遗传的。大学教授的儿子、科学家的儿子，也得从头学起。

翻译填空

有个人经过江边，看见一个人正（　　）一个小孩要把他投到江里去，小孩吓得（　　）。过江的人忙问这样做的（　　），那人回答：“这孩子的父亲擅长（　　）。”孩子的父亲擅长游泳，难道这个小孩（　　）会游泳吗？用这种观点对待事物，肯定是（　　）常理的啊！

参考答案：拉着、直哭、原因、游泳、就、违背

思考探究

1. 你认为扔孩子的人犯了哪种常识性错误？

2. 从这个故事中你得到了什么启示？

日积月累

古代年龄称谓

婴儿：古代泛指小孩子，与今天1岁以下的婴孩意思不同。垂髫：3、4岁至8、9岁的儿童。束发：指15岁。弱冠：指20岁。而立：指30岁。不惑：指40岁。知命（半百）：指50岁。花甲（耳顺）：指60岁。古稀：指70岁。耄耋：指80—90岁。期颐：百岁。

16 穿井得一人

古籍出处

战国·吕不韦《吕氏春秋·察传》

阅读背景

察传，即审察流言，来确定是非。《察传》篇主要说明了“夫得言不可以不察”的道理，意思是，不要传播未经思考和查证的话。“穿井得一人”就是其中的一个例子。“穿井”即凿井。

原文诵读

sòng zhī dīng shì jiā wú jǐng ér chū gài jí cháng yì rén jū wài jí qí jiā chuān jǐng gào rén yuē wú chuān jǐng dé yì rén yǒu wén ér chuán zhī zhě dīng shì chuān jǐng dé yì rén guó rén dào zhī wén zhī yú sòng jūn sòng jūn lìng rén wèn zhī yú dīng shì dīng shì duì yuē dé

宋之丁氏，家无井而①出溉汲②，常一人居③外。及④其家穿井，告人曰：“吾⑤穿井得一人。”有闻而传之者：“丁氏穿井得一人。”国⑥人道⑦之，闻⑧之于宋君。宋君令⑨人问之于丁氏，丁氏对⑩曰：“得

注释

①而：于是，就。

②溉汲：打水浇田。溉，浇灌、灌溉。汲，从井里取水。

③居：停留。

④及：等到。

⑤吾：我。

⑥国：国都。

⑦道：讲述。

⑧闻：听说。

⑨令：派遣。

⑩对：应答，回答。

yì rén zhī shǐ fēi dé yì rén yú jǐng zhōng yě qiú
一人之使，非得一人于井中也。”求

wén zhī ruò cǐ bú ruò wú wén yě
闻之若此⑪，不若无闻也。

⑪若此：像这样，如此。

趣读古文

道听途说不可信

宋之丁氏，家无井而出溉汲，常一人居外。 这里的宋千万不要理解成宋朝，它是春秋战国时期的一个诸侯国，大概在今河南商丘一带。宋国有一个姓丁的人，家里没有水井就外出打水灌溉田地。因为自家没有井，他就不得不去“蹭”别人家的井取水灌溉，效率自然就低了。所以，他常常一个人居住在外面。

战国时期，农民耕种的都是小块的田地，一般都会在自家田里凿一口井。中原地区（宋国就在中原地区）用桔槔（jié gāo）或辘轳来灌溉农田。桔槔是利用杠杆原理汲水的工具，一端放水桶，一端绑上石块等重物，这样就可以轻松把灌满水的水桶提起来了。

古人灌溉田地可真累啊！

及其家穿井，告人曰：“吾穿井得一人。” 等到他家凿了水井时，丁氏非常兴奋地告诉别人说：“我凿了一口水井，就相当于得到了一个人啊。”丁氏凿井在当地应该是个大“新闻”，邻里之间茶余饭后难免会提到此事，可传着传着就变味儿了。接下来，本文就展现了

《天工开物》中的桔槔图

谣言的传播过程。

首先是造谣。**有闻而传之者："丁氏穿井得一人。"**　听说了这件事的人是这样传的："丁氏凿井时挖到了一个人。"

啥？从井里挖出来一个人？这可是大新闻！

其次是传谣，这件"异闻"像长了翅膀一样传开了。**国人道之，闻之于宋君。**　国都里的人都讲述这件事，竟然传到了宋国国君的耳朵里。

这里的"国"，不是国家的意思，而是国都的意思。

接下来是查谣。"从井里挖出来一个人"这件事太匪夷所思了，宋

国国君可没有那么容易相信传言。**宋君令人问之于丁氏，** 他直接命人向当事人丁氏询问这件事的前因后果。最后，处于谣言中心的丁氏终于有了辟谣的机会。**丁氏对曰："得一人之使，非得一人于井中也。"** 丁氏回答说："我说的是得到一个人的劳力，不是在井里得到了一个人。"他家打了井之后，他就不用再去外面打水灌溉了，可不就是节省了一个劳动力嘛。终于真相大白。

下面一句话是作者的评论：**求闻之若此，不若无闻也。** 听到像这样匪夷所思的传闻却不加查证，还不如没有听到。这则寓言告诫我们：听到的传闻一定要调查研究，不要以讹传讹。

翻译填空

宋国一个姓丁的人，家里没有水井就外出（　　），经常一个人居住在外面。等到他家（　　）的时候，丁氏告诉别人："我家凿了水井，相当于得到了一个人。"听说了这件事的人就（　　）说："丁氏凿井挖到了一个人。"国都的人都（　　）这件事，甚至宋国国君都听说了这件事。宋国国君命人向丁氏问这件事，丁氏回答说："得到一个人的（　　），不是在井里得到了一个人。"听到像这样的传闻却不加查证，还不如没有听到。

参考答案：打水浇田、凿井、转述、讲述、劳力

思考探究

1. 宋君为什么要派人向丁氏询问这件事呢？
2. 通过这个故事你得到了什么启示？

日积月累

了解一些与传谣相关的成语

【道听途说】 指道路上听来又在道路上传播出去。比喻毫无根据的传闻。

【以讹传讹】 指把本来就不正确的话又错误地传出去，越传越错。

【无稽之谈】 指没有根据的话。

【小道消息】 指非经正式途径传播的消息。往往传闻失实，并不可靠。

17 掩耳盗铃

古籍出处

战国·吕不韦《吕氏春秋·自知》

阅读背景

这个故事的历史背景就是三家分晋。春秋末年，晋国被韩氏、赵氏、魏氏、智氏、范氏、中行氏六卿把持着，赵氏把范氏、中行氏灭掉后，又联合韩氏、魏氏灭掉了智氏。也就是说，韩氏、赵氏、魏氏三卿瓜分了晋国。

原文诵读

fàn shì zhī wáng yě bǎi xìng yǒu dé zhōng
范氏之亡[1]也，百姓有得钟[2]

zhě yù fù ér zǒu zé zhōng dà bù kě fù yǐ
者，欲负[3]而走，则[4]钟大不可负；以

chuí huǐ zhī zhōng kuàng rán yǒu yīn kǒng rén wén zhī
椎[5]毁之，钟况然[6]有音。恐人闻之

ér duó jǐ yě jù yǎn qí ěr wù rén wén zhī
而夺己也，遽[7]掩其耳。恶[8]人闻之，

kě yě wù jǐ zì wén zhī bèi yǐ
可也；恶己自闻之，悖[9]矣！

注释

1. 亡：逃亡。
2. 钟：古代的打击乐器。
3. 负：用背驮东西。
4. 则：但是。
5. 椎：棒子。
6. 况然：形容钟声。
7. 遽：迅速，赶快。
8. 恶：讨厌，憎恨。
9. 悖：荒谬。

趣读古文

我以为别人听不见

范氏原是晋国的贵族，韩赵魏三家分晋后，范氏逃亡在外。**范氏之亡也，百姓有得钟者，欲负而走，则钟大不可负；** 范氏逃亡，家里一片狼藉，附近的百姓都偷偷摸摸地到他们家里趁火打劫。有个人在范氏家中看到了一口钟，便想把它背在身上逃走。但是，这口钟太大了，他背不走。

钟在古代是一种乐器。春秋时期，只有贵族人家才有钟。钟多用青铜铸成，青铜那时候被称作“金”，很贵重，所以这人才要偷它；青铜非常重，青铜铸成的钟又很大，所以这个人背不走。

以椎毁之，钟况然有音。 既然背不走，他就打算用棒子把钟砸碎以后再运走。钟虽然是青铜铸造，但是它是空心的，钟壁较薄，用力砸的话是能够砸碎的。但是别忘了，钟可是打击乐器。那人刚砸了一下，那口钟就发出了很大的响声。这人顿时意识到问题的严重性——这也太响了吧！

战国时期的青铜钟

恐人闻之而夺己也，遽掩其耳。 他生怕别人听到钟声寻来，把钟夺走了，于是，他就迅速地捂住自己的耳朵。这样，钟声听起来小多了。他以为，他听着声音小，别人听着声音、也小。

恶人闻之，可也；恶己自闻之，悖矣！ 害怕别人听到钟的声音，这是可以理解的，因为怕别人抢走。但捂住自己的耳朵就以为别人也听不到了，这就太荒谬了。这不是自己欺骗自己吗？后来，这则寓言演化出成语“掩耳盗铃”，比喻自欺欺人的行为。

翻译填空

范氏（　　）的时候，有个人趁机偷了一口钟，想要背着它（　　）。但是，这口钟太大了，背不走，他就打算用（　　）将钟砸碎以后再背走。谁知，刚砸了一下，那口钟就发出了很大的（　　）。他生怕别人听到钟声，来把钟夺走了，就（　　）把自己的两只耳朵紧紧捂住。（　　）别人听到钟的声音，这是可以理解的；但捂住自己的耳朵就以为别人也听不到了，这就太（　　）了。

参考答案：逃亡、逃跑、棒子、响声、急忙、害怕、荒谬

写作一点通

结尾的方法——点明中心

写文章有“凤头豹尾”的说法，是指开头华丽能吸引人，而结尾则需要收束有力、引人深思。在结尾处表明作者的写作意图，叫作点明中心。这篇文章在讲了一个故事后，用一句话“恶人闻之，可也；恶己自闻之，悖矣”点明了中心，起到了画龙点睛的作用。我们在记叙文、议论文中都可以用这种方法结尾。

思考探究

1. “恶己自闻之，悖矣。”这位盗钟者到底“悖”在哪里?
2. 如果给这则故事配图，你觉得偷钟的人是两手捂耳还是一手捂耳?

日积月累

钟与铃

钟和铃都是古代的乐器。

钟是古代打击乐器，一般以青铜铸成，悬挂在架子上，用小槌叩击发声。

铃是古代铜制响器和乐器，形体跟钟相似，但比钟小，腔内有铜舌，可以摇动发声。

“掩耳盗铃”原叫“掩耳盗钟”，后来，钟作为乐器慢慢淡出了历史舞台，人们更常见的是铃，加上铃与钟形体相似，传着传着，也就成了今天的“掩耳盗铃”。

《战国策》里的寓言，大部分情节完整，首尾呼应，具有相对的独立性。而且《战国策》里有大量拟人化的动物寓言故事，比如“狐假虎威”“鹬蚌相争”等。《战国策》寓言多用于口头陈说，所以保留着某些口语的痕迹，更容易理解。许多寓言在后世演变为成语，至今仍在使用。

第 3 单元

《战国策》寓言

18 狐假虎威

古籍出处

西汉·刘向《战国策·楚策一》

阅读背景

战国时期，当楚国最强盛的时候，北方诸侯都害怕楚国令尹昭奚恤，楚宣王不解，有一位名叫江乙的大臣，便向他讲述了“狐假虎威”的故事。“假”是假借的意思。狐狸假借老虎的威势吓唬百兽。而北方诸侯之所以畏惧昭奚恤，是因为楚国的兵权握在他手里，他们畏惧的其实是楚宣王的权势。

原文诵读

hǔ qiú bǎi shòu ér shí zhī dé hú hú
虎求[1]百兽而食之，得狐。狐

yuē zǐ wú gǎn shí wǒ yě tiān dì shǐ wǒ
曰：“子[2]无[3]敢食我也。天帝使我

zhǎng bǎi shòu jīn zǐ shí wǒ shì nì tiān dì
长[4]百兽，今子食我，是[5]逆[6]天帝

mìng yě zǐ yǐ wǒ wéi bú xìn wú wèi zǐ xiān
命也。子以我为[7]不信，吾为子先

xíng zǐ suí wǒ hòu guān bǎi shòu zhī jiàn wǒ ér gǎn bù
行，子随我后，观百兽之见我而敢不

注释

1. 求：寻求，寻找。
2. 子：古代对他人的尊称。
3. 无：通“毋”，不。
4. 长：当首领。
5. 是：这。
6. 逆：违抗。
7. 以……为：认为……是。

zǒu hū　hǔ yǐ wéirán　gù suì　yǔ zhī xíng　shòu
走乎？”虎以为然⑧，故遂⑨与之行。兽
jiàn zhī jiē zǒu　hǔ bù zhī shòuwèi　jǐ ér zǒu　yě
见之皆走。虎不知兽畏⑩己而走⑪也，
yǐ wéiwèi hú yě
以为畏狐也。

⑧然：对的，正确的。

⑨遂：于是，就。

⑩畏：害怕。

⑪走：逃跑。

趣读古文

借你的高枝，炫耀一下自己

虎求百兽而食之，得狐。　老虎寻找各种野兽作食物，这天，它抓到一只狐狸。在中国文化中，老虎往往代表着勇猛与力量，狐狸则代表着狡猾。

狐狸被抓后，说了一大段话让老虎别吃它。首先，狐狸给老虎来了个“下马威”。**狐曰：“子无敢食我也。**　狐狸说：“您不敢吃我！”老虎虽是百兽之王，但是它的上面还有主宰万物的神——天帝。于是狐狸就搬出了天帝来应对老虎。**天帝使我长百兽，今子食我，是逆天帝命也。**　天帝派我来做百兽的首领，现在你要吃我，这违背了天帝的命令。

“长”读作cháng还是zhǎng？

这里读作zhǎng。长是首领的意思，但这里名词用作动词了，意思是做首领。

天帝派一只小狐狸来做百兽之王，这听起来就匪夷所思，空口无凭，老虎肯定不会相信。于是，狐狸又紧接着说了如下的话来打消

老虎的顾虑。**子以我为不信，吾为子先行，子随我后，观百兽之见我而敢不走乎?”** 狐狸对老虎说：“如果您认为我的话不可信，我在您前面走，您跟随在我后面，观察一下，百兽看见我后有敢不逃跑的吗?”

虎以为然，故遂与之行。 这时，老虎还是有所疑虑的，但它觉得狐狸的话也有道理，所以就和它一起走，好验证一下狐狸说的是否属实。

于是，狐狸大摇大摆地走在前面，老虎将信将疑地跟在后面。**兽见之皆走。** 野兽看见它们都惊慌失措地逃跑了。这下，老虎相信了狐狸的话。

如果你是小动物，看见了它们会跑吗?

当然会啊，我怕老虎吃了我!

虎不知兽畏己而走也，以为畏狐也。 而这个“傻”老虎却不知道：野兽是害怕自己才逃跑的，它还以为它们害怕的是狐狸呢。

翻译填空

老虎寻找各种野兽作食物，它抓到一只狐狸。狐狸说：“您（　　）吃我！天帝派遣我来做百兽的（　　），现在您吃掉我，是（　　）天帝的命令。如果您认为我的话不可信，我在前面行走，您跟随在我后面，观察一下，百兽看见我有敢不（　　）的吗?”老虎认为狐狸的话是有（　　）的，所以就和它一起走。野兽看见它们都逃跑了。老虎不知道野兽是害怕自己才逃跑的，还认为它们（　　）狐狸。

参考答案：不敢、首领、违背、逃跑、道理、害怕

思考探究

1. 如果你是老虎，你会轻易相信狐狸吗？

2. “神气活现”“大摇大摆”“半信半疑”“东张西望”这四个成语中，可用来形容老虎的是哪两个？可用来形容狐狸的是哪两个？

日积月累

虎文化

老虎起源于中国。当中华民族有了文化的时候，虎文化也随之出现。

自古以来，人们就对虎充满敬畏崇拜之情。虎的形象不仅威猛无比，而且色彩斑斓，额头正中还有“王”纹样，因此被古人誉为“百兽之王”。

考古发现，古代有很多制成虎形的器物，比如，虎形玉佩、青铜虎、虎形瓷枕、虎符等。与虎有关的成语也很多，比如如虎添翼、虎咽狼吞、虎落平川、虎背熊腰、狐假虎威、放虎归山、骑虎难下、虎视眈眈等。

19 画蛇添足

古籍出处

西汉·刘向《战国策·齐策二》

阅读背景

楚国大将昭阳攻打魏国，一举拿下魏国八个城池，便想乘胜攻打齐国。齐王派陈轸为使臣，去见昭阳。陈轸只字未提保全齐国，而是问：“您这么大的功劳，回国后会升到什么职位呀？”昭阳脱口而出“令尹”。令尹相当于宰相。陈轸先给昭阳讲了这个“画蛇添足”的故事，然后说：“楚国已经有一个令尹了，楚王怎么可能会为了赏赐您再设一个令尹呢？”听了这话后，昭阳就不再攻打齐国了。

原文诵读

chǔ yǒu cí zhě cì qí shè rén zhī
楚有祠[1]者，赐[2]其舍人[3]卮[4]
jiǔ shè rén xiāng wèi yuē shù rén yǐn zhī bù
酒。舍人相谓[5]曰：“数人饮之不
zú yì rén yǐn zhī yǒu yú qǐng huà dì wéi shé xiān
足，一人饮之有余。请画地为蛇，先
chéng zhě yǐn jiǔ
成者饮酒。”

注释

[1] 祠：春祭。

[2] 赐：赏赐。

[3] 舍人：门客，手下办事的人。

[4] 卮：古代的一种盛酒器，类似壶。

[5] 相谓：互相商议。

yì rén shé xiān chéng yǐn jiǔ qiě yǐn zhī nǎi
一人蛇先成，引⑥酒且饮之，乃
zuǒ shǒu chí zhī yòu shǒu huà shé yuē wú néng
左手持卮，右手画蛇，曰：“吾能
wéi zhī zú wèi chéng yì rén zhī shé chéng duó qí
为之足。”未成，一人之蛇成，夺其
zhī yuē shé gù wú zú zǐ ān néng wéi zhī
卮曰：“蛇固⑦无足，子安⑧能为之
zú suì yǐn qí jiǔ
足⑨？”遂饮其酒。
wéi shé zú zhě zhōng wáng cǐ jiǔ
为蛇足者，终亡⑩此酒。

⑥引：拿，举。

⑦固：本来，原来。

⑧安：怎么。

⑨为之足：给它画上脚。

⑩亡：失去。

趣读古文

一个故事化解一场战争

春秋战国时期，祭祀是大事，祭祀所用的酒也是最好的。祭祀完后，就把酒肉分给门客们。门客也以能享用祭祀酒食为荣。周代贵族一年四季都要祭祀祖宗，每个季节祭祀都有专门的称呼，春天祭祀叫“祠”。

楚有祠者，赐其舍人卮酒。　楚国有个贵族，在春祭过后，把祭祀用的一壶酒赏给帮忙的门客。

卮是古代盛酒的一种器皿，出现于战国时期，秦汉时已非常普及。它的造型很奇特，呈筒状，一侧有环形的柄，底部有三个矮足，有的有盖子，有的没有盖子，卮身上常有各种精美的纹饰。整体样貌跟现在的扎啤杯相似。

青铜卮

舍人相谓曰："数人饮之不足，一人饮之有余。请画地为蛇，先成者饮酒。" 拿到酒后，门客们互相商量说："几个人喝这一壶酒，每个人都喝不尽兴，一个人喝这壶酒还有剩余。请大家在地上画蛇，先画好的人就可以一人独享这壶酒。"

一人蛇先成，引酒且饮之， 一个人先把蛇画好了，他拿起酒壶准备饮酒。可抬头一看，其他人都没画好。那就不用着急了，再找点事儿干吧。乃左手持卮，右手画蛇， 于是他左手拿着酒壶，右手画蛇，曰："吾能为之足。" 一边画一边自言自语："我能给蛇添上脚。"

未成，一人之蛇成，夺其卮曰："蛇固无足，子安能为之足？" 没等他画完，另一个人的蛇画好了，夺过他的酒说："蛇本来没有脚，你怎么能给它添上脚呢？"言下之意是：真是多此一举。遂饮其酒。 于是那人就把酒喝了下去。

为蛇足者，终亡此酒。 那个给蛇画脚的人最终也没有喝到那壶酒。

联系这篇文章的阅读背景，你若是楚国大将昭阳，听了这个故事也会明白：自己已经居功至伟，再攻打齐国，不过是"画蛇添足"而已。到最后，也可能得不到令尹的职位。于是，昭阳放弃了攻打齐国。这个寓言还演化出了成语"画蛇添足"，比喻多此一举，弄巧成拙。

翻译填空

楚国有个贵族，在春祭后把（　　）酒赏给来帮忙的（　　）。门客们互相商量说：“几个人喝这壶酒喝不尽兴，一个人喝这壶酒还有（　　）。请大家在地上画蛇，先画好的人就喝这壶酒。”

一个人先把蛇画好了，他拿起酒壶准备饮酒，见别人都没画好，就左手拿着酒壶，右手画蛇，说：“我能给蛇添上脚！”没等他画完，另一个人画好了蛇，夺过他的酒说：“蛇（　　）没有脚，你怎么能给它添上脚呢？”于是就把壶中的酒喝了下去。

那个给蛇画脚的人最终（　　）了那壶酒。

参考答案：一壶、门客、剩余、本来、先去

思考探究

1. 从“画蛇添足”的故事中你得到什么启示？
2. 你还知道古代哪些饮酒的用具？

日积月累

古代酒器，是中国古代用于盛酒、温酒、饮酒的各类器具的总称。

常见的有尊、壶、爵、角、觥、觚、彝、卣、罍、瓿、杯、卮等。

20 惊弓之鸟

古籍出处

西汉 · 刘向《战国策 · 楚策四》

阅读背景

战国末年，秦国日益强大，逐渐有了吞并六国的野心。有一段时间，赵、楚、燕、齐、韩、魏六国决定联合抗秦。一天，赵国使者魏加和楚国春申君一起商议抗秦主将的人选。春申君准备让临武君担任主将，问魏加的意见。魏加先是摇头叹气，接着便给春申君讲了这个“惊弓之鸟”的故事。

原文诵读

gēng léi yǔ wèi wáng chǔ jīng tái zhī xià
更嬴[1]与魏王处京台[2]之下，
yǎng jiàn fēi niǎo gēng léi wèi wèi wáng yuē chén wèi
仰见飞鸟。更嬴谓魏王曰：“臣为
wáng yǐn gōng xū fā ér xià niǎo wèi wáng yuē
王引[3]弓虚发[4]而下鸟[5]。”魏王曰：
rán zé shè kě zhì cǐ hū gēng léi yuē kě
“然则射可至此乎？”更嬴曰：“可。”
yǒu jiàn yàn cóng dōng fāng lái gēng léi yǐ
有间[6]，雁从东方来，更嬴以
xū fā ér xià zhī wèi wáng yuē rán zé shè kě zhì
虚发而下之。魏王曰：“然则射可至

注释

[1] 更嬴：战国时的名射手。

[2] 京台：高台。

[3] 引：拉。

[4] 虚发：只拉弓不放箭。

[5] 下鸟：使鸟落下。

[6] 间：一会儿，片刻。

cǐ hū gēng léi yuē cǐ niè yě wáng yuē
此乎？”更羸曰：“此孽[7]也。”王曰：
xiān shēng hé yǐ zhī zhī duì yuē qí fēi
“先生何以[8]知之？”对曰：“其飞
xú ér míng bēi fēi xú zhě gù chuāng tòng yě
徐[9]而鸣悲。飞徐者，故疮[10]痛也；
míng bēi zhě jiǔ shī qún yě gù chuāng wèi xī
鸣悲者，久失群也，故疮未息[11]，
ér jīng xīn wèi qù yě wén xián yīn yǐn ér gāo
而惊心未去[12]也。闻弦音，引[13]而高
fēi gù chuāng yǔn yě
飞，故疮陨[14]也。”

[7] 孽：这里指旧伤未愈。

[8] 何以：凭什么、怎么。

[9] 徐：慢。

[10] 故疮：旧伤。

[11] 息：痊愈。

[12] 去：消除。

[13] 引：伸展（翅膀）。

[14] 陨：坠落。

趣读古文

射箭也要懂点心理学

更羸是魏国的大臣，也是著名的神射手。**更羸与魏王处京台之下，仰见飞鸟。** 一天，更羸和魏王在一个高台之下，仰头看见飞鸟。神箭手更羸一眼就看出了飞鸟的异样。**更羸谓魏王曰：“臣为王引弓虚发而下鸟。”** 更羸对魏王说：“我可以拉空弓发虚箭替大王把这只鸟‘射’下来。”只拉弓不搭箭怎么可能把飞鸟“射”下来呢？

魏王曰：“然则射可至此乎？” 魏王表示了小小的怀疑：“那么，射箭的技术可以达到这种程度吗？”

然则，用在句子开头，表示过渡，相当于“既然这样，那么……”。

更羸曰：“可。” 更羸很肯定地说：“可以。”

有间，雁从东方来，更羸以虚发而下之。 不一会儿，有只大雁

从东边飞过来，更羸没有搭箭，只拉了一下弓，大雁就掉了下来。

魏王曰："然则射可至此乎？" 魏王说："射箭的技术竟然可以达到这种程度吗？"

"然则射可至此乎"这句话，魏王说了两遍，它们的语气一样吗？

不一样。前面一句，魏王表示怀疑；后面一句，魏王就是惊叹了。

本来魏王怀疑更羸在"吹牛"，事实摆在眼前，魏王只有惊叹的份儿。

更羸曰："此孽也。" 更羸解释说："这鸟是受过伤的。"

王曰："先生何以知之？" 魏王更加惊奇了，问："先生是怎么知道的呢？"魏王心想：我也看见了那只鸟，咋一点没看出来有问题呢？

对曰："其飞徐而鸣悲。 更羸回答说："它飞得很慢，并且鸣叫的声音悲凉。"这又怎么能够判断出大雁是受伤了呢？更羸继续解释：**飞徐者，故疮痛也；** 飞得慢，是因为它有旧伤；**鸣悲者，久失群也，** 鸣叫悲凉，是因为它离群的时间很长了。

大雁是候鸟，具有群居性，在迁徙时总是几十只、数百只，甚至上千只一起行动，形成雁阵。大雁一般只有在受伤或生病时才会落单。

故疮未息，而惊心未去也。 这里的"故"意思是原来的，从前的。大雁的旧伤没好，那么因受伤造成的惊惧之心就没有消除。**闻弦音，引而高飞，故疮陨也。"** 听到弓弦的声音，就想逃离，于是它努力振动翅膀往高处飞，一使劲儿，伤口迸裂，它就掉了下来。

陨，在这里是坠落的意思。从天上掉下来的石头就称为陨石。

这则寓言演化出了一个成语——惊弓之鸟，比喻受过惊吓的人碰到一点动静就非常害怕。

再回到阅读背景。魏加给春申君讲这个故事的用意在于说明临武君不适合当主将。因为他刚被秦军打败过，就同这只惊弓之鸟一样，看见秦军就会产生惊惧的心理。春申君觉得魏加的话有理，就没有让临武君当主将。讲故事说服人这招，效果立竿见影！

翻译填空

更羸和魏王在一个高台之下，仰望看见飞鸟，更羸对魏王说："我可以(　　)发虚箭替大王把这只鸟'射'下来。"魏王说："那么，射箭的技术可以达到这种程度吗？"更羸说："可以。"

(　　)，有大雁从东边飞过来，更羸拉弓虚发使大雁掉了下来。魏王说："啊，射箭的技术可以达到这种程度吗？"更羸说："这鸟是(　　)的。"魏王说："先生是怎么知道的呢？"更羸回答说："它(　　)并且鸣叫的声音(　　)。飞得慢的原因，是有旧伤，鸣叫悲凉的原因，是(　　)的时间很长了。旧伤没好，那么它的惊惧之心就没消除。听到(　　)的声音，努力拍动翅膀往高处飞，旧伤迸裂就掉下来了。"

参考答案：拉弓、一会儿、受过伤、飞得慢、悲凉、离群、弓弦

思考探究

1. "惊弓之鸟"用来比喻什么样的人？
2. 从这个故事里，你受到什么启发？

日积月累

一朝被蛇咬，十年怕井绳

被蛇咬了一次，就再不敢碰草索。比喻经历一次挫折以后就变得胆小怕事。后被引申为一旦受过伤害就对类似的事物或事件十分惧怕。

21 南辕北辙

古籍出处

西汉 · 刘向《战国策 · 魏策四》

阅读背景

战国后期，一度称雄天下的魏国国力渐衰，可是魏王仍想出兵攻打赵国的邯郸。谋臣季梁本已奉命出使邻邦，在路上听说了这件事，急忙调头，回到魏国都城大梁，顾不上换朝服，就风尘仆仆地去见魏王了。为了劝说魏王放弃攻打赵国，季梁编了“南辕北辙”的故事。

原文诵读

jīn zhě chén lái jiàn rén yú dà háng fāng
今者，臣来，见人于大行①，方②

běi miàn ér chí qí jià gào chén yuē wǒ yù
北面③而持其驾④，告臣曰：“我欲

zhī chǔ chén yuē jūn zhī chǔ jiāng xī wéi
之⑤楚。”臣曰：“君之楚，将奚为⑥

běi miàn yuē wú mǎ liáng chén yuē
北面？”曰：“吾马良。”臣曰：

mǎ suī liáng cǐ fēi chǔ zhī lù yě yuē wú
“马虽良，此非楚之路也。”曰：“吾

注释

①大行：大路。

②方：正在。

③北面：面向北方。

④持其驾：赶着他的车。

⑤之：到……去。

⑥奚为：为什么。

yòng duō chényuē yòng suī duō cǐ fēi chǔ zhī
用⑦多。”臣曰：“用虽多，此非楚之
lù yě yuē wú yù zhě shàn cǐ shù zhě
路也。”曰：“吾御者善⑧。”此数⑨者
yù shàn ér lí chǔ yù yuǎn ěr
愈善，而离楚愈远耳。

⑦用：资财，此处指路费。

⑧善：技术好。

⑨数：几个，几样。

趣读古文

方向不对，再努力也没用

今者，臣来，见人于大行，方北面而持其驾， 今天我回来的时候，在大路上遇见一个人，他正在向北面赶他的车。

北面，是面向北方的意思。这是文言文里经常出现的一种句式——宾语前置。

告臣曰：“我欲之楚。” 那个人告诉我说：“我想到楚国去。”

臣曰：“君之楚，将奚为北面？” 我问他：“您既然要到楚国去，为什么往北走呢？”

战国时期，魏国和楚国是邻国，魏国在北边，楚国在南边。

听到这样的建议，一般人都会先审视自己的行为，有错就改，但这个人却坚持己见。**曰：“吾马良。”** 他说：“我的马好。”

臣曰：“马虽良，此非楚之路也。” 我说：“马虽然不错，但是这也不是去楚国的路啊！”他的马跑得越快，离楚国就越远啊。

曰：“吾用多。” 那个人仍然没有反思自己，而是继续找理由：“我的路费多。”

臣曰："用虽多，此非楚之路也。" 我说："你的路费虽然多，但这不是去楚国的方向啊。"方向错了，钱再多，也到不了目的地啊！那个人还是不听劝，**曰："吾御者善。"** 他说："我的车夫驾车技术非常好。"可是，方向错了，车夫驾车技术好有什么用呢？事不过三，季梁没有再说"此非楚之路也"这句话，而是感慨道：**此数者愈善，而离楚愈远耳。** 马跑得越快，路费准备得越多，车夫的技术越好，离楚国就会越远啊。

这个故事演化出一个成语——南辕北辙，比喻行动和目的正好相反。季梁用这个故事来劝说魏王：您的目的是建立霸业，但是攻打赵国劳民伤财不说，别的国家还可能乘虚而入，攻打魏国。这样一来，离您想称霸诸侯的目标就会越来越远。这不就是"南辕北辙"吗？

翻译填空

今天我回来的时候，在（　　）上遇见一个人，正在向北面赶他的（　　），他告诉我说："我想（　　）楚国去。"我说："您既然要到楚国去，（　　）往北走呢？"他说："我的马好。"我说："马虽然不错，但是这也不是去楚国的方向啊！"他说："我的（　　）多。"我说："虽然你路费多，但这不是去楚国的（　　）啊。"他又说："我的车夫驾车技术非常好。"这几样（　　），反而会使他离楚国越远。

参考答案：大路、车、到、为什么、路费、方向、越好

思考探究

1. "此数者愈善"中的"此数者"指的是什么？
2. 你觉得魏王听了这个故事后还会再攻打赵国吗？

日积月累

与车相关的汉字

“南辕北辙”里的“辕”和“辙”都与车有关。辕是古代车前驾牲口的直木；辙是车轮走过之后，在路面压出的痕迹。跟古代的车有关的汉字常用的还有这些——

辅：车旁横木。

轼：设在车厢前面供人凭倚的横木。

舆：车厢。

衡：车辕头上套牲畜用的横木。

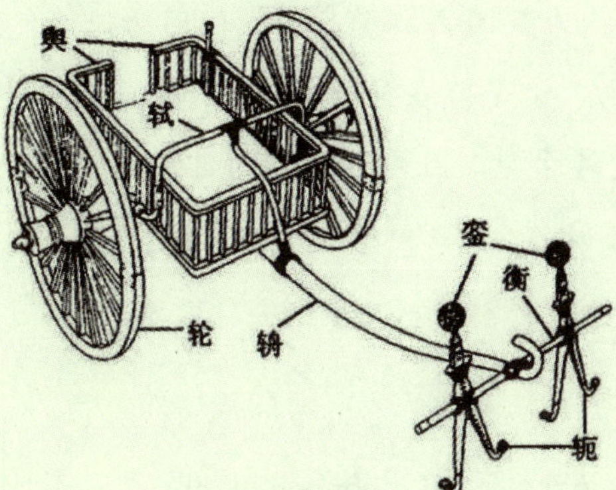

上古的车

《现代汉语词典》中“车”的插图

22 马价十倍

古籍出处

西汉·刘向《战国策·燕策二》

阅读背景

苏代是战国时期大名鼎鼎的纵横家苏秦的族弟。苏秦死后，苏代继承了他的事业，开始活跃在战国后期的政治舞台上。苏代作为燕国的策士（即游说诸侯的纵横之士），为燕国去游说齐国，但因为他名气还不大，需要找一个有影响力的人引荐他。于是，在见齐威王之前，他先去见了齐国最有影响力的大臣——政卿大夫淳于髡。且看他绝妙的自荐方法。

原文诵读

rén yǒu mài jùn mǎ zhě, bǐ sān dàn lì shì,
人有卖骏马者，比[1]三旦立市[2]，

rén mò zhī zhī. wǎng jiàn bó lè, yuē: "chén yǒu
人莫之知[3]。往见伯乐，曰："臣[4]有

jùn mǎ yù mài zhī, bǐ sān dàn lì yú shì, rén mò
骏马欲卖之，比三旦立于市，人莫

yǔ yán. yuàn zǐ huán ér shì zhī, qù ér gù
与言。愿子还[5]而视之，去[6]而顾[7]

注释

❶比：接连，连续。

❷市：交易场所。

❸人莫之知：即"人莫知之"，人没有知道它的。

❹臣：先秦时人对自己的谦称。

❺还：通"环"。环绕。

❻去：离开。

❼顾：回头看。

zhī chén qǐng xiàn yì zhāo zhī jià bó lè nǎi
之，臣请献一朝[8]之贾[9]。”伯乐乃[10]
huán ér shì zhī qù ér gù zhī yí dàn ér mǎ jià
还而视之，去而顾之。一旦[11]而马价
shí bèi
十倍。

⑧朝：早晨。

⑨贾：通“价”，指钱财。

⑩乃：就，于是。

⑪一旦：一天。

趣读古文

2000年前的名人效应

淳于髡是齐国的政卿大夫，影响力很大。苏代到齐国后，先去见了他。为了让他引荐自己，苏代讲了这个故事。

人有卖骏马者，比三旦立市，人莫之知。 从前有个卖骏马的人，在集市上待了三天，人们都不了解这马，连续三天它都无人问津。

往见伯乐， 卖马人只好去拜见相马的专家伯乐。

伯乐是谁？

伯乐原指的是春秋时期一个擅长相马的人——孙阳。孙阳为秦国立下汗马功劳，得到秦穆公的信赖，被封为“伯乐将军”。后来，人们把擅长相马的人都称为伯乐，现在也引申指善于发现、推荐、培养和使用人才的人。

曰：“臣有骏马欲卖之，比三旦立于市，人莫与言。 这个人一见到伯乐就开始诉苦：“我有匹骏马想要卖掉，可是我在集市上连着待了三天，都没有人过问。”言外之意是：您是识马的人，能了解我的苦衷，请求您帮帮我。接着，这个人开始提诉求。

愿子还而视之，去而顾之， 他说：“希望您能去看看我的马，绕着它转几圈，离开的时候再回头看看它。”多么具体的诉求，而且做起来毫不费力，连句话都不用说。

我不明白，伯乐只看看马、回个头就能把马卖出去？

相马是伯乐的强项，只有他能够识别出千里马。他就是个“活招牌”，他往哪匹马跟前一站，大家就知道哪匹马不简单。

臣请献一朝之贾。” 求人办事，要有来有往。提出了诉求以后，卖马人还明确讲出了他的回报方式：“我愿把一早上做买卖所得的钱奉送给您。”这个卖马人求别人办事的说辞可谓典范，既说明了自己的困难，又提出了具体的诉求，还表明了回报的方式。伯乐当然愉快地答应了。

伯乐乃还而视之，去而顾之。 伯乐来到集市上，围着那匹马左看右看，离开的时候又回头看了它一眼。**一旦而马价十倍。** 结果，一天之中，这匹马的价钱涨了十倍。

这不是战国版的“名人广告”吗？

没错，两千年前的古人就懂得了名人效应的重要性。

讲完这个故事后，苏代才说出了他的本意：“我想把‘骏马’送给齐王，可是没有替我前后周旋的人，先生有意做我的伯乐吗？我送给您白璧一双，黄金千镒，以此作为您的辛苦费。”于是淳于髡向齐王引荐了苏代。

翻译填空

有个要卖骏马的人，（　　）三天待在集市上，人们不了解这匹马，它一直无人问津。这人就去见相马专家伯乐，说："我有匹骏马要卖掉，我接连三天待在（　　）上，都没有人过问。希望您帮帮忙，去看看我的马，绕着我的马转几个圈儿，临走时再（　　）看它一眼，我愿意把一早上做买卖所得的（　　）奉送给您。"伯乐接受了这个请求，于是就去绕着马转了几圈，左看右看，临走时又回过头去看了它一眼，这匹马的价钱（　　）就涨了十倍。

参考答案：接连、集市、回过头、钱财、一天

思考探究

1. 伯乐"还而视之，去而顾之"这一动作神态，有什么隐含的意义？
2. 你认为"马价十倍"的原因是什么？

日积月累

贾

贾是个多音字。

读作gǔ时，有三个意思：①买。②商人。③谋取。

读作jià时，是"价格"的意思，这个意义现简化为"价"。

读作jiǎ时，可作姓，如贾宝玉。

23 鹬蚌相争

古籍出处

西汉·刘向《战国策·燕策二》

阅读背景

赵国要攻打燕国。燕国著名“外交官”苏代去见赵惠王（即历史上的赵惠文王），给他讲了这个“鹬蚌相争”的故事，劝说他不要攻打燕国。

原文诵读

zhào qiě fá yān sū dài wèi yān wèi huì wáng
赵且[1]伐燕，苏代为燕谓惠王
yuē jīn zhě chén lái guò yì shuǐ bàng fāng chū
曰：“今者臣来，过易水，蚌方[2]出
pù ér yù zhuó qí ròu bàng hé ér qián qí
曝[3]，而鹬啄其肉，蚌合而箝[4]其
huì yù yuē jīn rì bú yù míng rì bú
喙[5]。鹬曰：‘今日不雨[6]，明日不
yù jí yǒu sǐ bàng bàng yì wèi yù yuē jīn
雨，即有死蚌！’蚌亦谓鹬曰：‘今
rì bù chū míng rì bù chū jí yǒu sǐ yù liǎng zhě
日不出，明日不出，即有死鹬！’两者

注释

① 且：将要。

② 方：刚刚。

③ 曝：晒。

④ 箝：夹住。

⑤ 喙：鸟兽的嘴。

⑥ 雨：名词作动词。下雨。

bù kěn xiāng shě　yú zhě dé ér bìng qín　zhī　jīn zhào
不肯相舍[7]，渔者得而并禽[8]之。今赵

qiě fá yān　yān zhào jiǔ xiāng zhī　yǐ bì　dà zhòng
且伐燕，燕赵久相支[9]，以弊[10]大众。

chén kǒng qiáng qín zhī wéi yú fū yě　gù yuàn wáng zhī
臣恐强秦之为渔夫也。故愿王之

shú　jì　zhī yě　huì wáng yuē　shàn　nǎi zhǐ
熟[11]计[12]之也！”惠王曰：“善。”乃止。

[7] 相舍：互相放弃。

[8] 禽：　通“擒”，捕获。

[9] 支：对峙。

[10] 弊：使……疲惫。

[11] 熟：仔细。

[12] 计：谋划。

趣读古文

两败俱伤谁得利

战国后期，各诸侯国中以秦国最为强大。它常常仗着兵强马壮去侵略其他弱国，而弱国之间也常有摩擦。

赵且伐燕，　　有一次，赵国声称要攻打燕国。苏代作为燕国的“外交官”，自然责无旁贷，他出使赵国，劝说赵惠王收兵。但苏代没有直接表明来意，而是先讲了一个故事。

苏代为燕谓惠王曰：“今者臣来，过易水，　　苏代为燕国游说，对惠王说：“今天我来的时候，经过了易水。”

易水？怎么这么耳熟呢？

易水是燕国的一条河，如果你读过荆轲的故事就不会对它感到陌生。燕太子丹就是在易水边送别荆轲的，留下了“风萧萧兮易水寒，壮士一去兮不复还”的名句。

蚌方出曝，而鹬啄其肉，蚌合而箝其喙。　　有一只河蚌正从水里出来晒太阳，一只鹬飞来啄它的肉，河蚌马上闭拢了它的硬壳，紧

紧夹住了鹬的嘴。蚌和鹬形成了僵持的局面。接下来，双方开始“谈判”。

鹬曰：‘今日不雨，明日不雨，即有死蚌！’ 鹬想让蚌先松开，就说：“今天不下雨，明天不下雨，就会干死你。”鹬说得一点儿没错，蚌离不开水，它若一直夹住鹬不放，它也回不到水里去。它要是想活下去，就只能祈求老天下点雨。如果天老不下雨，它就会干渴而死。

蚌亦谓鹬曰：‘今日不出，明日不出，即有死鹬！’ 河蚌也不甘示弱，对鹬说：“今天你的嘴不出去，明天你的嘴不出去，就会饿死你。”蚌的言下之意是：要松开也是你先让一步，把嘴松开，不然你一直吃不到东西，不就会饿死吗？

两者不肯相舍，渔者得而并禽之。 蚌和鹬谁都不肯先松开，就这样僵持不下的时候，河边走来了一个渔夫，把它们俩一起捉走了。如果不是因为蚌和鹬死咬住对方不放，这个渔翁怎么可能捡这么个大便宜呢？

接下来，苏代才进入正题。**今赵且伐燕，燕赵久相支，以弊大众。** 现在赵国将要攻打燕国，燕赵两国如果长期僵持下去，老百姓就会疲惫不堪，等我们都筋疲力尽了，**臣恐强秦之为渔夫也。** 我担心强大的秦国就要成为那不劳而获的渔翁了。

苏代这句话把燕国和赵国比作什么？

相持不下的蚌和鹬。

经过了层层的铺垫，最后，苏代才说出了此行的目的——**故愿王之熟计之也！”**——希望大王认真考虑出兵之事。

惠王曰：“善。”乃止。 赵惠王也是个明白人，他说：“好。”于是停止出兵攻打燕国。

翻译填空

赵国将要（　　）燕国，苏代为燕国对惠王说：“今天我来的时候路过了易水，看见一只河蚌正从水里出来（　　），一只鹬飞来啄它的肉，河蚌马上闭拢了它的硬壳，（　　）了鹬的嘴。鹬说：‘今天不下雨，明天不下雨，就会干死你。’河蚌也对鹬说：‘今天你的嘴不出来，明天你的嘴不出来，就会饿死你。’两个都不肯（　　），结果一个渔夫把它们俩一起（　　）了。现在赵国将要攻打燕国，燕赵如果长期（　　），老百姓就会疲惫不堪，我担心强大的秦国就要成为那不劳而获的渔翁了。所以我希望大王认真（　　）出兵之事。”赵惠王说：“好吧。”于是停止出兵攻打燕国。

参考答案：攻打、晒太阳、夹住、放弃、捉走、相持不下、考虑

思考探究

1. 这个故事演化出了哪个八字成语？
2. 你从这个故事中得到什么启示？

日积月累

1.成语

【鹬蚌相争，渔翁得利】比喻双方争执不下，两败俱伤，让第三者占了便宜。

2.多音字

雨 { yǔ 作名词，雨水，雨滴。
　　 yù 作动词，下雨。

唐宋时期是中国寓言创作的第二个高峰期。这一时期的寓言具有强烈的讽刺意味，体现了讽喻现实的抗争精神，可称之为“讽刺寓言”。

元明清时期，小说戏剧空前繁荣，寓言也大放异彩，其特点是冷嘲热讽的笑话成分增多，其中很多寓言可称之为“诙谐寓言”。这也是我国寓言文学自先秦寓言以来出现的第三个高峰。

第4单元

小说、散文、杂记中的寓言

㉔ 吾腰千钱

古籍出处

唐·柳宗元《哀溺文序》

阅读背景

柳宗元，字子厚，唐宋八大家之一，我们熟悉的《江雪》就是他写的。柳宗元才华出众，但仕途不顺，《哀溺文》是他被贬永州时创作的散文。“哀溺”是哀叹溺水者的意思。《哀溺文序》是《哀溺文》的小序，记叙了一个爱财如命、致死还不能醒悟的溺水者。

原文诵读

yǒng zhī méng xián shàn yóu yí rì
永[1]之氓[2]咸善游[3]。一日，

shuǐ bào shèn yǒu wǔ liù méng chéng xiǎo chuán jué xiāng
水暴甚，有五六氓，乘小船绝[4]湘

shuǐ zhōng jì chuán pò jiē yóu qí yì méng
水。中济[5]，船破，皆游。其一氓

jìn lì ér bù néng xún cháng qí lǚ yuē rǔ
尽力而不能寻常[6]。其侣曰：“汝

shàn yóu zuì yě jīn hé hòu wéi yuē wú
善游最也，今何后为？”曰：“吾

注释

❶永：永州，今湖南零陵。

❷氓：百姓。

❸咸善游：都擅长游泳。咸：都。

❹绝：横渡。

❺中济：渡到河中间。济：渡。

❻寻常：古代八尺为寻，两寻为常，此处意为没多远。

腰[7]千钱，重，是以[8]后。”曰：“何不去之？”不应，摇其首。有顷，益怠[9]。已济者立岸上呼且号[10]曰：“汝愚之甚，蔽[11]之甚，身且死，何以货为[12]？”又摇其首，遂[13]溺死。

[7]腰：腰间挂着。

[8]是以：所以。

[9]益怠：更加疲惫。

[10]号：大声喊叫。

[11]蔽：这里是糊涂的意思。

[12]何以货为：要钱财干什么。

[13]遂：于是，就。

趣读古文

要钱不要命的财迷

永州，在唐代是一个偏远荒凉的地方，永贞革新失败后，柳宗元被加贬为永州司马。永州，是柳宗元的伤心地，但又是他艺术创作的福地。柳宗元是一个有远大政治抱负的革新家，被贬之后，他的心情非常苦闷。于是他把郁闷挥洒于永州的山山水水，写下了许多文章。

永之氓咸善游。 永州的百姓傍水为生，都擅长游泳。**一日，水暴甚，有五六氓，乘小船绝湘水。** 一天，河水突然暴涨。有五六个人乘着小船横渡湘水。湘水，就是今天的湘江，是湖南最大的河流。

绝怎么会有横渡的意思？

绝的本义是绳索断，引申为断绝。过河，像是把河流拦腰截断。所以，绝又引申为横渡。

中济，船破，皆游。 船刚刚至江心，就因船破进水下沉了，船上的人纷纷泅水逃生。这些人都是游泳高手，逃生本不是问题。

其一氓尽力而不能寻常。 其中一人拼命划水，竭尽全力仍然游不了多远。

其侣曰："汝善游最也，今何后为？" "侣"是同伴的意思。他的同伴奇怪地问："平时你的水性最好，今天为什么落在后边？"

曰："吾腰千钱，重，是以后。" 他喘着粗气说："我腰里缠着千枚铜钱，分量很重，所以落在后边。"

千枚铜钱有多重呢？

我们以唐代为例。根据考古资料，唐开元通宝钱重约4.1克。千枚重约4100克，也就是8斤左右。身上带着这么重的东西，怎么能游得快呢？

曰："何不去之？" 同伴忙劝他说："你为什么不赶快扔掉它们呢？"

不应，摇其首。 他不回答，只摇了摇头。**有顷，益怠。** 过了一会儿，他越发疲惫。大家可以体验一下将8斤重的东西背在身上的感觉，刚开始还不觉得沉，时间越久越觉得沉重。

伙伴们更焦急了，君子爱财，但命更重要啊！**已济者立岸上呼且号曰："汝愚之甚，蔽之甚。身且死，何以货为？"** 已经上岸的人向他大声呼喊："你真是愚蠢到了极点，糊涂到了极点，人马上都要淹死了，还要钱干什么？""呼且号"用词精准、生动。"呼"是呼喊的意思，"号"是一边哭一边说话的意思。这帮小伙伴得急成啥样才会连哭带喊？可是，他好像没听进去。

又摇其首，遂溺死。 他又摇了摇头，还是不肯把腰里的钱扔掉，于是很快就被淹死了。

翻译填空

永州的（　　）傍水为生，都擅长游泳。一天，河水突然暴涨。有五六个人乘着小船（　　）湘水。船刚至江心，就因船破进水下沉了，船上的人纷纷泅水逃生。其中一人拼命（　　），竭尽全力仍然游不了多远。他的（　　）奇怪地问："平时你的水性最好，今天为什么落在后边？"他喘着粗气说："我腰里缠着千枚（　　），分量很重，所以落在后边。"同伴劝他说："你为什么不赶快（　　）它们呢？"他不回答，只摇了摇头。过了一会儿，他越发（　　）。已经上岸的人向他哭喊道："你真是（　　）到了极点，糊涂到了极点，人马上都要淹死了，还要钱干什么？"他又摇了摇头，于是很快就被淹死了。

参考答案：百姓、横渡、划水、同伴、铜钱、扔掉、疲惫、愚蠢

日积月累

与"爱财"有关的成语和俗语

【爱财如命】爱：吝惜。吝惜钱财就像爱惜自己的生命一样。形容人非常贪婪、吝啬。

【财迷心窍】由于贪图钱财而迷住了心窍，使人失去了正常的思维能力。

【人为财死，鸟为食亡】人为了追求金钱，连生命都可以不要。鸟为了争夺食物，宁可失去生命。

【君子爱财，取之有道】君子只要正道得到的财物，不要不义之财。

25 黔之驴

古籍出处

唐 · 柳宗元《柳河东集》

阅读背景

柳宗元在被贬永州期间，写下了《三戒》，由三篇寓言组成，《黔之驴》就是其中的一篇。柳宗元写的寓言具有很强的讽刺性。在这篇文章里，他通过驴的形象，揭露了一些得意小人的丑态。

原文诵读

黔[1]无驴，有好事者，船载以入。至则[2]无可用，放之山下。虎见之，庞然大物也，以为神，蔽[3]林间窥之[4]。稍[5]出近之，慭慭然[6]，莫相知。

他日，驴一鸣，虎大骇[7]，远

注释

[1] 黔：即唐代黔中道，在今贵州东北。

[2] 则：却。

[3] 蔽：躲在。

[4] 窥之：偷偷看它。

[5] 稍：渐渐。

[6] 慭慭然：小心谨慎的样子。

[7] 大骇：非常害怕。

dùn　yǐ wéi qiě shì jǐ yě　shèn kǒng　rán
遁[8]，以为且[9]噬[10]己也，甚恐。然
wǎng lái shì zhī　jué wú yì néng zhě　yì xí　qí
往来视之，觉无异能者。益习[11]其
shēng　yòu jìn chū qián hòu　zhōng bù gǎn bó　shāo jìn
声，又近出前后，终不敢搏。稍近，
yì xiá　dàng yǐ chōng mào　lǘ bú shèng nù
益狎[12]，荡倚冲冒[13]。驴不胜怒，
tí　zhī　hǔ yīn xǐ　jì zhī yuē　jì zhǐ cǐ
蹄[14]之。虎因喜，计之曰：“技止此
ěr　yīn tiào liáng　dà hǎn　duàn qí hóu　jìn
耳[15]！”因跳踉[16]大㘎[17]，断其喉，尽
qí ròu　nǎi qù
其肉，乃去。

[8] 远遁：逃到远处。

[9] 且：将要。

[10] 噬：咬。

[11] 习：熟悉。

[12] 狎：态度亲近而不庄重。

[13] 荡倚冲冒：碰撞、靠近、冲击、冒犯。

[14] 蹄：名词作动词，踢。

[15] 技止此耳：本领只不过如此罢了。

[16] 跳踉：跳跃。

[17] 㘎：怒吼。

趣读古文

老虎的心机有多深

黔无驴，有好事者，船载以入。　黔地本来没有驴，有一个喜欢多事的人用船运了一头去。

黔，是古地名，在今贵州境内。贵州简称“黔”。

至则无可用，放之山下。　驴运到后却发现没有什么用处，就在山下放养着。驴，在中原地区多承担拉车、拉磨等工作，但贵州地区不需要驴拉磨，而需要水牛耕地。所以驴在这儿是没有用处的。

虎见之，庞然大物也，以为神，蔽林间窥之。 老虎是当地“土著”，看到驴这个庞然大物，还以为它是什么神物。对于从未见过的事物，即便是“森林之王”，也会心生敬畏。老虎只敢躲藏在树林里偷偷看它。

稍出近之，慭慭然，莫相知。 偷窥了一段时间之后，老虎才敢出来稍稍地接近它，一副小心谨慎的样子，不知道它是什么东西。在不了解对方之前，还是保持距离为好。

他日，驴一鸣，虎大骇，远遁，以为且噬己也，甚恐。 有一天，驴叫了一声，把老虎吓坏了，它远远地逃走了。老虎以为驴要咬自己，非常害怕。

老虎也太胆小了吧，听到驴叫一声就被吓成这样？

动物会根据体型、声音、动作等判断敌人的强弱，驴本来体型就比老虎大，叫声又刺耳，而且老虎不了解它的虚实，所以被吓住了。

然往来视之，觉无异能者。 但是来来回回地观察驴，觉得它并没有什么特殊的本领。老虎真是个有耐心、善于观察的“老江湖”。

益习其声，又近出前后，终不敢搏。 老虎渐渐地熟悉了驴的叫声，又前前后后地靠近它，但始终不敢与它搏斗。老虎发现，驴的叫声虽然可怕，但没有任何杀伤力，对驴的忌惮便越来越少了。

稍近，益狎，荡倚冲冒。 老虎渐渐地靠近驴子，态度越来越轻侮，甚至开始碰撞冒犯它。

面对得寸进尺的老虎，**驴不胜怒，蹄之。** 驴非常生气，用蹄子踢老虎。**虎因喜，计之曰：“技止此耳！”** 老虎因此很高兴，心里盘算道：“驴的技艺不过如此！”我观察、试探了很久，就是想看看你的本领，看来，你不是我的对手！**因跳踉大㘎，断其喉，尽其**

肉，乃去。　　于是老虎跳起来大吼一声，咬断了驴的喉咙，吃光了它的肉，然后才离开。

翻译填空

黔地本来没有驴，有一个喜欢（　　）的人用船运了一头去。驴运到后却没有什么用处，就放养在山下。老虎看到驴是个庞然大物，以为它是什么（　　），躲藏在树林里（　　）它，小心地出来接近它，惊恐疑惑，不知道它是什么东西。有一天，驴叫了一声，老虎十分害怕，远远地（　　），以为驴要咬自己，惊恐万分。但是来来回回地观察驴，觉得它并没有什么（　　）的本领。老虎渐渐地熟悉了驴的叫声，又前前后后地靠近它，但始终不与它（　　）。老虎渐渐地靠近驴子，态度越来越轻侮，碰撞冒犯它。驴非常生气，用蹄子踢老虎。老虎于是很高兴，心里（　　）这件事说："驴的技艺不过如此！"于是跳起来大（　　），咬断了驴的喉咙，吃光了它的肉，然后才离开。

参考答案：多事、神物、偷偷看、逃走、特殊、搏斗、盘算、吼一声

写作一点通

以主衬次

这篇文章仅仅用124个字就把老虎惧驴、了解驴、吃驴的过程描写得清清楚楚，生动刻画出了老虎细心、机智的形象，以及驴愚蠢、无能的形象。文章的题目是"黔之驴"，但是，写驴的文字很少，写虎的文字却很多。这就是独特的写作手法——以主衬次，主写虎，次写驴，运用主要内容（虎）从侧面衬托突显次要内容（驴）。

思考探究

1. 这则寓言演化出了哪两个成语？

2. 你从这篇寓言中得到了什么启示？

日积月累

认识两个成语

这则寓言演化出两个成语——庞然大物和黔驴技穷。

【庞然大物】指高大笨重的东西。现也用来形容表面上很强大但实际上很虚弱的事物。

【黔驴技穷】比喻有限的一点本领也已经用完了。

26 性缓

古籍出处

明·赵南星《明清笑话集》

阅读背景

《明清笑话集》由周作人编选、校订，作家止庵整理。主要出自几种有编者署名的笑话书。

原文诵读

rén xìng huǎn dōng rì gòng rén wéi lú jiàn rén
人性缓，冬日共人围炉，见人

cháng wěi wéi huǒ suǒ shāo nǎi yuē yǒu yí shì
裳尾①为②火所烧，乃曰：“有一事，

jiàn zhī yǐ jiǔ yù yán kǒng jūn xìng jí bù yán
见之已久，欲③言恐④君性急，不言

yòu kǒng shāng jūn rán ér yán shì yé bù
又恐伤⑤君。然而言是耶⑥？不

yán shì yé rén wèn hé shì yuē huǒ shāo jūn
言是耶？”人问何事，曰：“火烧君

cháng qí rén jù shōu yī ér nù yuē hé bù zǎo
裳。”其人遽⑦收衣而怒曰：“何不早

yán yuē wǒ dào jūn xìng jí guǒ rán
言？”曰：“我道君性急，果然。”

注释

①裳尾：旧时人所穿衣衫的下摆。古代称下衣为裳。

②为：被。

③欲：想要。

④恐：担心。

⑤伤：损害。

⑥耶：句尾语气词，表示疑问。

⑦遽：迅速，赶快。

趣读古文

急死人的慢性子

《性缓》是一则笑话寓言。笑话的主要特点在于人物形象的极端化和结尾的出人意料。

人性缓， 有一个慢性子的人，“性缓”是慢性子的意思。生活中我们也常见慢性子的人，但慢到这种程度的几乎没有。**冬日共人围炉，** 冬天他与别人围炉向火。古代没有暖气，最常见的取暖设备是火炉或火盆，可多人围在一起烤火取暖。直到今天，在偏远的乡村，还有人使用这样古老的方式取暖。**见人裳尾为火所烧，** 他看见有一个人衣服的下摆被火烧着了。

啊，快，快告诉他呀！

如此紧急的时刻，一般人早蹦起来吆喝了，而这个人却不紧不慢。**乃曰：“有一事，见之已久，欲言恐君性急，不言又恐伤君。** 他慢吞吞地对那人说：“有一件事，我早就发现了，想对您说，又怕您沉不住气；不对您说吧，又怕您损失太多。”这人既然是个慢性子，那么他说话肯定也是慢悠悠的。作为当事人，大概会跟着这节奏慢慢思索，搜肠刮肚地想最近有啥大事发生。**然而言是耶？不言是耶？”** 那人继续慢吞吞地说：“那么到底是说好呢？还是不说好呢？”

急死我了！说，啥事？快说！

人问何事，曰：“火烧君裳。” 那人问到底是什么事，他回答说：“火烧着您的衣服下摆了。”天哪！这慢吞吞说话的工夫，衣服大约已烧得惨不忍睹了。

其人遽收衣而怒曰："何不早言？"　那人赶快把火扑灭了，对他怒吼道："既然你早已发现，为什么不早告诉我？"这事儿换谁都难以控制住脾气，也许会想：你是不是故意毁我衣服，看我笑话，幸灾乐祸呢？谁知那人接下来说的话更是能把人"噎死"。**曰："我道君性急，果然。"**　他说："我就说您性子急吧，你看，果然是这样！"

翻译填空

有一个（　　）的人，冬天与别人围炉向火，见别人衣服的（　　）被火烧着了，便慢吞吞地对那人说："有一件事，我早就发现了，想对您说，又怕您沉不住气；不对您说，又怕您（　　）太多，那么到底是说好呢？还是不说好呢？"那人问是什么事。他回答说："火烧着您的衣服下摆了。"那人（　　）把火扑灭了，对他（　　）道："既已发现，为什么不早告诉我？"慢性子人说："我说您（　　）吧，果然是这样！"

参考答案：慢性子、下摆、损失、赶快、吼、性急

思考探究

1. 如果你在现场，会如何劝告慢性子的这个人？
2. 你觉得他能改变自己的性格吗？为什么？

日积月累

古人的衣裳

现代的衣裳指衣服。在古代，“衣”和“裳”是分开的。“上曰衣，下曰裳。”上衣叫作“衣”，下衣叫作“裳”。

古人下身穿的多是一种类似裙子的“裳”。

古代的衣和裳

27 执竿入城

古籍出处

三国魏·邯郸淳《笑林》

阅读背景

《笑林》是我国第一本笑话集，后世的笑话书多多少少都受它的影响。

本文是一则笑话寓言，拿长竿的人固然可笑，但更加可笑的是那位自以为“见事多”而替别人出馊主意的老者。

原文诵读

鲁(lǔ)①有执(yǒu zhí)②长竿入城门者(cháng gān rù chéng mén zhě)，初(chū)竖执之(shù zhí zhī)，不可入(bù kě rù)。横执之(héng zhí zhī)，亦(yì)③不可入(bù kě rù)。计(jì)④无所出(wú suǒ chū)。俄(é)⑤有老父(yǒu lǎo fǔ)⑥至曰(zhì yuē)：“吾非圣人(wú fēi shèng rén)⑦，但见事多矣(dàn jiàn shì duō yǐ)，何(hé)⑧不以(bù yǐ)锯中截(jù zhōng jié)⑨而入(ér rù)？”遂依(suì yī)⑩而截之(ér jié zhī)。

注释

①鲁：鲁国。

②执：手拿着。

③亦：也。

④计：方法，计策。

⑤俄：一会儿，不久。

⑥老父：对老年男子的尊称。

⑦圣人：才智超群的人。

⑧何：为什么。

⑨中截：从中间截断。

⑩依：顺从，同意。

趣读古文

比比谁更蠢

鲁有执长竿入城门者，初竖执之，不可入。 鲁国有个人，拿着长长的竹竿进城门，起初这人把竹竿竖着拿，可城门不够高，竹竿进不去。

古代的城池都有城墙环绕，在东西南北各设置城门，行人只能从这几个城门进出。

横执之，亦不可入。 这人又把竹竿横过来拿，城门又不够宽，这根竹竿还是进不去。

计无所出。 这个人在城门口走来走去，实在想不出办法来了。

计无所出是一个成语，表示没有计谋和办法了。

俄有老父至曰："吾非圣人，但见事多矣， 不久，有个老大爷来到这里说："我并不是圣贤，只不过是见到的事情比较多。"在古代，"老父"是对老年男子的尊称，千万别理解成了"老父亲"。那么，这个"见多识广"的老人会出什么主意呢？**何不以锯中截而入？"** 老人说："为什么不用锯子将长竹竿从中截断后进城呢？"

呵呵，就这？

竹竿可以顺着拿进去，不用截断啊！

遂依而截之。 可笑的是，这个人还对老人言听计从，将长竿从中截断了。

翻译填空

鲁国有个人，（　　）长长的竹竿进城门，起初他把竹竿竖立起来拿着，进不了城门。他又横过来拿着它，也进不了城门。他实在想不出（　　）来了。（　　），有个老大爷来到这里，说：“我并不是圣贤，只不过是见到的（　　）多了，为什么不用锯子将长竿从中（　　）后进城呢?”于是，那个鲁国人依照老人的办法将长竿截断了。

参考答案：拿着、办法、一会儿、事情、截断

写作一点通

叠加的讽刺效果

这篇寓言短小精巧，讽刺了两种人，一种是像“执竿者”那样懒于思索的“糊涂虫”，一种是像“老父”那样好为人师、不懂装懂的“假内行”。

愚愚叠加，讽刺效果更强

- 执竿者——把竹竿横过来竖过去，进不了城门——愚
- 老父——出馊主意，让人把竹竿截断——愚

思考探究

1. 你觉得文中最愚蠢可笑的人是谁？为什么？
2. 你有更好的办法过城门吗？请说说看。

28 囫囵吞枣

古籍出处

元·白珽《湛渊静语》

阅读背景

《湛渊静语》是一本杂记集，是元代文人白珽编写的。因为他的居所门前有泉水流过，所以把居室取名为“湛渊”，并且把它作为自己的号。

这个故事还演化出了成语“囫囵吞枣”，比喻不加分析思考地笼统接受，不求理解消化。

原文诵读

kè yǒu yuē　lí yì　chǐ ér sǔn　pí　zǎo
客有曰：“梨益[1]齿而损[2]脾，枣
yì pí ér sǔn chǐ　yì dāi dì zǐ sī jiǔ zhī　yuē
益脾而损齿。”一呆弟子思久之，曰：
wǒ shí lí zé jiáo ér　bú yàn　bù néng shāng wǒ zhī
“我食梨则嚼而[3]不咽，不能伤我之
pí　wǒ shí zǎo zé tūn ér bù jiáo　bù néng shāng wǒ
脾；我食枣则吞而不嚼，不能伤我
zhī chǐ　xiá zhě　yuē　nǐ zhēn shì hú lún　tūn
之齿。”狎者[4]曰：“你真是囫囵[5]吞
què yí gè zǎo yě　suì jué dǎo
却一个枣也。”遂绝倒。

注释

1. 益：对……有好处。
2. 损：对……有损伤。
3. 而：表示转折，相当于“但是”。
4. 狎者：喜欢开玩笑的人。
5. 囫囵：整个儿。

趣读古文

食而不知其味

说到囫囵吞枣，我们立刻会想到，有人学习时生吞活剥、不求甚解的样子。囫囵吞枣一般带有贬义。

客有曰：“梨益齿而损脾，枣益脾而损齿。” 有个客人说：“吃梨子对牙齿有好处，对脾却有损伤；吃枣子对脾有益处，对牙齿却有损害。”

世间万物，皆有利也有弊，中国自古药食同源，很多食物也可作药物。梨和枣都是常见的水果，对身体也是利弊均有。

一呆弟子思久之， 有一个呆傻的年轻人听了这话，思考了很久，梨和枣到底该怎么吃呢？他终于想到了两全之策。**曰：“我食梨则嚼而不咽，不能伤我之脾；我食枣则吞而不嚼，不能伤我之齿。”** 他说：“我吃梨子的时候，只嚼不吞，它就不能损伤我的脾了；我吃枣子的时候，只吞不嚼，它就不能损伤我的牙齿了。”

真是打得一手好算盘！这样的吃法倒是不会伤害牙齿和脾了，可吃下去后，也完全不知道梨和枣的滋味了。

我想起了猪八戒吃人参果。

狎者曰：“你真是囫囵吞却一个枣也。” 有个喜欢开玩笑的人说：“你真是囫囵吞枣呀！”**遂绝倒。** 于是，大家都笑得前仰后合。

翻译填空

有个客人说："吃梨子对牙齿有（　　），对脾却有（　　）；吃枣子对脾有益处，对牙齿却有损害。"有一个呆傻的年轻人听了这话，思考了很久，说："我吃梨子的时候，只嚼不（　　），它就不能损伤我的脾了；我吃枣子的时候，只吞不（　　），它就不能损伤我的牙齿了。"有个喜欢（　　）的人说："你真是囫囵吞枣呀！"于是，大家都笑得前仰后合。

参考答案：好处、损害、吞下、嚼、开玩笑

思考探究

1. 这个人为什么要囫囵吞枣？
2. 你从这则寓言中悟出什么道理？

日积月累

与囫囵吞枣意义相近的成语

【生吞活剥】原指生硬地搬用别人诗文的词句。比喻做学问或学习某事，只是一味地袭用他人的经验或成果，而不求甚解。

【食而不化】吃了东西没有消化。比喻对所学知识没有理解深透。

【不求甚解】只求懂得大概，不求深入了解。

29 活见鬼

古籍出处

明·冯梦龙《古今谭概》

阅读背景

《古今谭概》又名《古今笑史》，既是一部笔记小说集，也是一部笑话集，还是一部幽默小品集，书中记载了大量可笑和有趣的故事。搜集者冯梦龙是明代文学家、戏曲家。主要作品有《喻世明言》《警世通言》和《醒世恒言》，合称“三言”。

原文诵读

yǒu fù yǐn yè guī zhě zhí dà yǔ chí
有赴饮[1]夜归者，值[2]大雨，持

gài zì bì jiàn yì rén lì yán xià jí
盖[3]自蔽[4]。见一人立檐下，即

tóu sǎn xià tóngxíng
投[5]伞下同行。

jiǔ zhī bù yǔ yí wéiguǐ yě
久之，不语，疑为鬼也；

yǐ zú liáo zhī ǒu bù xiāng zhí yù yì
以足撩[6]之，偶[7]不相值，愈益[8]

注释

❶赴饮：参加宴会。

❷值：遇到。

❸盖：古时把伞叫盖。

❹蔽：遮盖。

❺投：投奔。

❻撩：挑逗，试探。

❼偶：偶然。这里有恰巧的意思。

❽益：更加。

kǒng yīn fèn lì jǐ zhī qiáo xià ér qū
恐，因奋力挤之桥下而趋[9]。

zhí chuī gāo zhě chén qǐ jí bēn rù qí
值炊糕者[10]晨起，亟[11]奔入其

mén gào yǐ yù guǐ é qǐng fù jiàn yì
门，告以遇鬼。俄顷[12]，复见一

rén biàn tǐ zhān shī liàng qiàng ér zhì
人，遍体沾湿，踉跄[13]而至，

háo hū yǒu guǐ yì tóu qí jiā
号呼有鬼，亦投其家。

èr rén xiāng shì è rán bù jué dà xiào
二人相视愕然[14]，不觉大笑。

⑨趋：跑。

⑩炊糕者：做糕的人。

⑪亟：急，迅速。

⑫俄顷：不一会儿。

⑬踉跄：走路不稳。

⑭愕然：吃惊的样子。

趣读古文

有“鬼”，快跑

有赴饮夜归者，值大雨，持盖自蔽。 饮在这里特指酒宴。有一个人赴酒宴后深夜回家，正赶上天下大雨，就撑起伞来遮雨。

古代把伞称作盖，现代方言仍有把雨伞叫作雨盖的。明代时，官员们可以用罗伞，即绫罗面料的伞。但明代皇帝朱元璋明文规定，普通老百姓不能用罗伞，只能用油纸伞。

见一人立檐下，即投伞下同行。 撑伞人看见一个人站在路旁屋檐下，那人跑过来一下子钻到了自己的伞下，和自己一块走起来。半夜赶路，雨湿路滑，这躲雨的人终于盼来一个撑伞的，自然毫不犹豫地钻过去。撑伞人也觉得没什么，与人方便，自己方便，何况只是举“伞”之劳呢！

可诡异的是，**久之，不语，**　　两人一起走了好一阵，那人也不说话。这要是在白天倒也无所谓，可在下着雨的深夜，难免让人多想。**疑为鬼也；**　　这人怀疑钻到伞下的这个人是鬼，便决定试探一下。**以足撩之，**　　他伸出脚去掀那人的衣摆。

他为什么要这样做？

他是想看看那人有没有脚。古人认为，鬼是不用脚走路的。若那人没有脚，就是鬼了。

偶不相值，愈益恐，　　他伸出的脚恰巧没有碰到那人的脚，就以为那人没有脚，并由此判定那人是鬼。于是就更加害怕。这可怎么办？记得前面有座桥，干脆在这儿甩掉它。**因奋力挤之桥下而趋。**于是他用力把那个人挤下桥去，撒开腿就跑。

值炊糕者晨起，亟奔入其门，　　这时正是做糕的人清早起来干活的时候，他急火火地跑进糕店。等进了门，他才松了口气。**告以遇鬼。**　　他告诉大家自己遇见鬼了。

俄顷，复见一人，遍体沾湿，踉跄而至，　　不一会儿，又见一个人，浑身湿淋淋的，跌跌撞撞地跑来。**号呼有鬼，亦投其家。**　　那人一边跑，一边大喊着“有鬼”，也跑进糕店。这也太巧了，这传说中的鬼，一下子竟有两个人遇到！

这人怎么全身湿淋淋的？

这个发现很有意义，仔细读读上文就有答案了。

二人相视愕然，不觉大笑。　　这两个人你看看我，我看看你，先是目瞪口呆，随即不由大笑起来。

哦，我明白了，后来的这人就是被推下桥去的那人，他是从河里爬上来的，所以浑身湿淋淋的。

翻译填空

有一个人赴酒宴后深夜回家，正（　　）天下大雨，就撑起（　　）来遮雨。看见一人站在路旁屋檐下，那人跑过来一下子钻到了自己的伞下，和自己（　　）走起来。走了好一阵，那人也不说话。他（　　）是鬼，就用脚去掀那人的衣摆，正巧没（　　），就更加害怕，于是用力把那个人挤下桥去，撒腿就跑。这时正是做糕的人清早起来的时候。他（　　）跑进糕铺，告诉大家自己遇见鬼了。不一会儿，又见一个人，浑身湿淋淋的，（　　）地跑来，大喊着“有鬼”，也跑进糕铺中。两人互相看看，（　　），随即不由大笑起来。

参考答案：赶上、雨伞、一块、怀疑、碰着、赶紧、跌跌撞撞、目瞪口呆

写作一点通

动作描写和心理描写

这篇文章节奏紧凑，情节起伏，引人入胜。文章通篇没有用语言描写，而是用心理描写和动作描写生动地刻画出了两个疑神疑鬼者的形象。

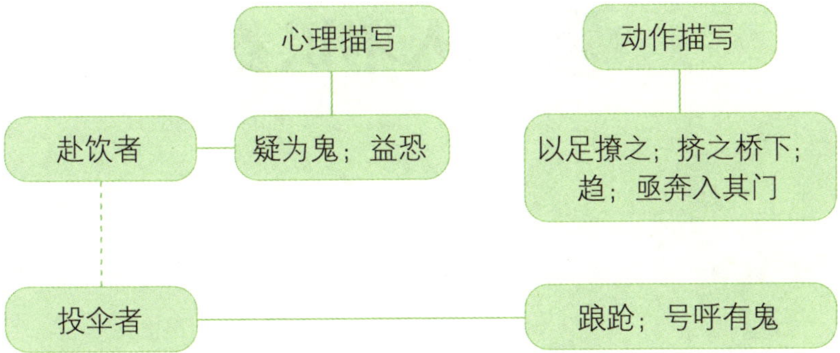

思考探究

1. 两个人为什么“相视愕然，不觉大笑”？他们之后会说些什么话？
2. 你们听说过鬼的故事吗？从哪里听说的？

日积月累

鬼

鬼字的甲骨文写作，它是个象形字，像人身大头的怪物。古人认为“鬼，归也”，人死为鬼，指人回到原来的地方。后来把鬼看作人的异化。现代汉语的“鬼”常用于指邪恶、恐怖的东西，含贬义。

“鬼”也是汉字部首之一，从“鬼”的字大多与迷信、鬼神有关，如魑、魅、魂、魄等。

30 北人不识菱

古籍出处

明·江盈科《雪涛小说》

阅读背景

江盈科是明代晚期文坛“公安派”的重要成员之一，小品文造诣极深。曾任长洲知县，他将知县任上和求仕时期的见闻写入《雪涛小说》。“北人不识菱”是其中的一个故事，讲述了一个北方人说菱角在北方的土地里生长的事，讽刺了那些不懂装懂的人。

原文诵读

běi rén shēng ér bù shí líng zhě shì yú nán fāng xí shàng dàn líng bìng ké rù kǒu

北人[1]生而不识菱者，仕[2]于南方。席[3]上啖[4]菱，并[5]壳入口。

huò yuē dàn líng xū qù ké

或[6]曰：“啖菱须去壳。”

qí rén zì hù suǒ duǎn yuē wǒ fēi bù zhī bìng ké zhě yù yǐ qù rè yě

其人自护所短[7]，曰：“我非不知，并壳者，欲以去热也。”

wèn zhě yuē běi tǔ yì yǒu cǐ wù fǒu

问者曰：“北土亦有此物否？”

注释

[1] 北人：北方人。

[2] 仕：做官。

[3] 席：酒席。

[4] 啖：吃。

[5] 并：一同。

[6] 或：有人。

[7] 短：缺点。

dá yuē　qiánshān　hòushān　hé dì bù yǒu
答曰："前山、后山，何地不有！"

fú　líng shēng yú shuǐ ér yuē tǔ chǎn　cǐ zuò
夫[8]菱生于水而曰土产，此坐[9]

qiǎng　bù zhī yǐ wéi　zhī yě
强[10]不知以为[11]知也。

[8]夫：句首语气词，无意义。

[9]坐：因为。

[10]强：硬要。

[11]以为：认为；当作。

趣读古文

知之为知之，不知为不知

菱角是水生植物菱的果实，在南方很常见，在北方比较少见。它的外壳很硬，里面的肉是白的，煮熟后可以吃。

北人生而不识菱者，仕于南方。　有个生来就没有见过菱角的北方人，在南方做官。

席上啖菱，并壳入口。　他参加宴席时，席上有一盘菱角，他拿起来，连壳一起放进嘴里。

我吃过菱角，它的壳特别硬，我可咬不动。

看到这个尴尬的吃法，**或曰："啖菱须去壳。"**　有人善意提醒："吃菱角要去壳。"每个人的见识都是有限的，孔子说过："知之为知之，不知为不知。"不会吃菱角，虽然有些小尴尬，但一般人会听从别人的建议。可这个人却死要面子。

其人自护其短，曰："我非不知，并壳者，欲以去热也。"　他想掩饰自己的无知，便找了个理由："我不是不知道，连壳一起吃，是为了清热呀！"菱角是凉性的，的确有点清热降火的作用。那人胡诌的理由，一时半会儿还能唬住别人。

一个北方人，竟然了解南方食物的药效，这引起了客人的兴趣。**问者曰："北土亦有此物否？"** 有人好奇地问："北方也有菱角吗？"

这人开始继续胡诌。**答曰："前山、后山，何地不有！"** 他给出了肯定的回答："前山、后山上，哪里都有菱角。"

身为北方人的我，咋从来没有在山上见过菱角？

问话的那个人一下子就看出了他是个"外行"。**夫菱角生于水而曰土产，** 菱角明明是生长在水中的，那个北方人却说是生长在土里的。**此坐强不知以为知也。** 这是因为他硬要把不知道的说成知道的。

知之为知之，不知为不知。是知也！每个人的能力都是有限的，对于自己不知道的东西，决不要充当内行，不然，就会闹出笑话。

翻译填空

有个生来就没有（　　）菱角的北方人，在南方（　　）。他在酒席上吃菱角，连壳（　　）放进嘴里。有人说："吃菱角要去壳。"他想掩盖自己的（　　），于是说："我不是不知道，连壳一起吃，是为了（　　）呀！"有人又问："北方也有菱角吗？"他说："前山、后山上，（　　）都有！"菱角明明是生长在水中的，那个北方人却说是生长在土里的，这是（　　）他硬把不知道的说成知道的。

参考答案：见过、做官、一起、无知、清热、哪里、因为

思考探究

1. 说说你对北人"强不知以为知"的看法。
2. 你在生活中见过死要面子的人吗？

日积月累

知之为知之，不知为不知，是知也。——《论语·为政》

白话翻译：懂就是懂，不懂就是不懂，这才是真正的智慧。

31 崂山道士

古籍出处

清·蒲松龄《聊斋志异》

阅读背景

《聊斋志异》是清代小说家蒲松龄的代表作，中国古代灵异、志怪小说的集大成者。书中讲了很多民间的民俗民习、奇谈异闻，借描绘狐仙鬼怪，反映人间百态。

《崂山道士》讲了一个姓王的读书人（王生）在崂山遇到一道士，道士传授了他一招穿墙术。可他回家去稍微一卖弄，这仙术就不灵验了。

原文诵读

wáng yuē měi jiàn shī xíng chù qiáng bì suǒ
王[1]曰：“每见师行处，墙壁所

bù néng gé dàn dé cǐ fǎ zú yǐ dào shì xiào
不能隔，但[2]得此法足矣。”道士笑

ér yǔn zhī nǎi chuán yǐ jué lìng zì zhòu
而允[3]之。乃传以诀[4]，令自咒[5]，

bì hū yuē rù zhī wáng miàn qiáng bù gǎn
毕[6]，呼曰：“入之！”王面墙不敢

rù yòu yuē shì rù zhī wáng guǒ cóng róng rù
入。又曰：“试入之。”王果从容入，

注释

1. 王：指王生。
2. 但：只。
3. 允：答应。
4. 诀：指施行法术的口诀。
5. 咒：念咒。
6. 毕：结束。

jí　qiáng ér zǔ　dào shì yuē　fǔ shǒu zhòu rù
及[7]墙而阻。道士曰："俯首骤入，
wù qūn xún　wáng guǒ qù　qiáng shù bù　bēn ér
勿逡巡[8]！"王果去[9]墙数步，奔而
rù　xū ruò wú wù　huí shì guǒ zài qiáng wài yǐ　dà
入。虚若无物，回视果在墙外矣。大
xǐ　rù xiè
喜，入谢。

[7]及：到。

[8]逡巡：犹豫，徘徊不进的样子。

[9]去：离开，距离。

趣读古文

太爱显摆易遭殃

这篇小古文节选自《崂山道士》。

故事还得从头说起：有个姓王的书生，是官宦之家的子弟，从小就羡慕道术。他听说崂山上仙人很多，就背上行李，前去寻仙访道。他遇到了一个道士，说明来意后，道士却说："恐怕你娇气懒惰惯了，不能吃苦。"王生回答说："我能吃苦。"就留了下来。道士让他砍柴，他砍了一个月后实在受不了了，便暗暗产生了回家的念头。道士用幻术变出了月宫、嫦娥、美酒。王生心动了，又留了下来。又过了一个月，王生实在忍受不了这种苦，而道士还是连一个法术也不传授给他。他向道士辞行，并请师傅稍微教一点儿小法术，道士问："你要求学点什么法术？"

王曰："每见师行处，墙壁所不能隔，但得此法足矣。"　王生说："平常我见师傅所到之处，墙壁也不能阻挡，只要能学到这个法术，我就知足了。"王生要学的不就是传说中的穿墙术吗？

道士笑而允之。　道士笑着答应了。不管怎么说，王生也砍了两个月的柴呢，提这个要求也不算过分。

乃传以诀，　　于是就传授他法术的口诀。

啊，原来中国的法术也有口诀呀？

是啊，不管是哈利波特、小魔仙，还是古代的法术，都要念口诀。

令自咒，毕，呼曰：“入之！”　　咒，指咒语，是旧时僧、道、方士等自称可以驱鬼降妖的口诀。“自咒”不是自己诅咒自己，而是自己念咒语的意思。道士让王生自己念咒语，念完后，道士大声说：“进墙去！”**王面墙不敢入。**　　王生面对着墙不敢进去。

换我也不敢啊！才学了一句咒语，就能穿墙了？

又曰：“试入之。”　　道士又说：“你试着往里走。”止步不前，怎么能学会法术呢？

王果从容入，及墙而阻。　　王生就从容地向前走，到了墙跟前，被墙挡住。大概王生还是心存疑虑，毕竟，走得越快，撞得越惨。

道士曰：“俯首骤入，勿逡巡！”　　骤，本义是指马奔驰，形容迅疾。道士说：“低头猛进，不要犹豫！”

为了学会法术，豁出去了！**王果去墙数步，奔而入。**　　王生果然离开墙数步，奔跑着冲过去，啊——

虚若无物，回视果在墙外矣。　　穿过墙时，墙就像不存在似的。回头一看，身子果然在墙外了。天哪，成功了！没眼冒金星，没头晕眼花，没头破血流……

大喜，入谢。　　王生非常高兴，回去拜谢了道士。

故事还有下文，道士嘱咐王生回去后要洁身自爱，否则法术就不灵验了。可王生回到家里，就开始向妻子炫耀。他的妻子不相信，王生便仿效起那天的一举一动，离墙数尺，奔跑着冲去……结果会怎样？展开你的想象。

翻译填空

王生说：“平常我见师傅所到之处，墙壁也不能（　　），只要能学到这个法术，我就（　　）了。”道士笑着（　　）了。于是就传授王生口诀，让他自己念完了咒语，道士大声说：“进墙去！”王生面对着墙不敢进。道士又说：“你试着往里走。”王生就从容地向前走，到了墙跟前，被墙（　　）。道士说：“低头猛进，不要（　　）！”王生果然（　　）墙数步，奔跑着冲过去。过墙时，墙就像不存在似的；回头一看，身子果然在墙外了。王生非常高兴，回去拜谢了师傅。

参考答案：阻挡、知足、答应、挡住、犹豫、离开

思考探究

1. 这个故事告诉了我们什么道理？用一句俗语概括。
2. 你认为王生是一个怎样的人？

日积月累

道教与道士

在我国五大宗教中，道教是唯一发源于中国、由中国人创立的宗教，所以又被称为本土宗教。

道教继承和发展了先秦道家思想，将“道”作为最高信仰，认为道可以修得，修炼的目的是得道成仙。道教尊老子为道祖，奉老子的著作《道德经》为主要经典。

这组故事描绘了一群“奇葩”的人、物与事，正是因为他们独特的想法，才给了我们更多反思的机会。

第5单元

其他

32 与狐谋皮

古籍出处

前秦·苻朗《苻子》

阅读背景

苻朗是前秦苻坚的侄子，苻坚是一个“成语大师”，“投鞭断流”“风声鹤唳”“草木皆兵”等都与他有关。

苻朗是一个文学家，著有《苻子》，“郑人逃暑”“与狐谋皮”“郑人乘凉”等故事都出自其中。

原文诵读

zhōu rén yǒu ài qiú ér hào zhēn xiū
周人①有爱裘②而好③珍羞④，
yù wéi qiān jīn zhī qiú ér yǔ hú móu qí pí yù
欲为千金之裘，而与狐谋⑤其皮；欲
jù shào láo zhī zhēn ér yǔ yáng móu qí xiū
具⑥少牢⑦之珍，而与羊谋其羞。

注释

①周人：周地的人。

②裘：皮袍，皮衣。

③好：爱好，喜好。

④珍羞：珍奇贵重的食品。

⑤谋：谋划；商量。

⑥具：准备。

⑦牢：作祭品用的牛羊猪。

yán wèi zú hú xiāng shuài táo yú chóng qiū zhī
言未卒[8]，狐相率[9]逃于重丘[10]之

xià yáng xiāng hū cáng yú shēn lín zhī zhōng gù zhōu
下，羊相呼藏于深林之中。故周

rén shí nián bú zhì yì qiú wǔ nián bú jù yì láo hé
人十年不制一裘，五年不具一牢。何

zhě zhōu rén zhī móu shī zhī yǐ
者[11]？周人之谋失之矣！

[8]卒：完毕，结束。

[9]相率：互相跟着。

[10]重丘：重叠起伏的山丘。

[11]何者：为什么。

趣读古文

一场事先张扬的“谋杀计划”

鲁国国君想让孔子到鲁国国都做官，准备先和几个重要的大臣商量商量。他先找到左丘明征求意见。左丘明说：“孔丘是一个精明能干、品德高尚的人。这种人掌握了大权，那些坏人、有过失的人就得离开官位。您与那些因此事而可能离开官位的人去商议，能有什么结果呢？”接着，左丘明就为鲁国国君讲了这个故事。

周人有爱裘而好珍羞， 周地有个人喜欢穿皮制的衣服、爱吃美食。注意，好在这里读作hào，动词，是喜欢的意思。**欲为千金之裘，而与狐谋其皮；** 他想做一件价值千金的皮衣，就跟狐狸商量要剥它的皮。“千金之裘”形容极珍贵的皮衣。裘服中以狐裘最贵，特别是狐白裘。

欲具少牢之珍，而与羊谋其羞。 他想准备些羊肉作祭品，就跟羊商量要割它的肉。

古人敬天，为求国泰民安，会把最美味的、最珍贵的事物献给上天。牢是古代祭祀用的牺牲。牛、羊、猪齐备叫“太牢”，只用猪、羊叫“少牢”。“一牢”指用一只羊做成的美食。

言未卒，狐相率逃于重丘之下，羊相呼藏于深林之中。 他的话还没说完，狐狸就一个接一个地逃进了起伏的深山中。羊前呼后拥地躲进了深林之中。

故周人十年不制一裘，五年不具一牢。 因此这个周地的人十年做不成一件皮衣，五年办不成一次祭祀。

何者？周人之谋失之矣！ 为什么会落到这样的下场呢？周人的计谋错了！

翻译填空

周地有个人爱穿皮衣、爱吃（　　）。他想做一件价值千金的（　　），就跟狐狸（　　）要剥它的皮；想准备些羊肉作祭品，就跟羊商量要割它的肉。话没说完，狐狸就一个接一个地逃进了起伏的深山中，羊前呼后拥地（　　）了深林之中。因此这个周地的人十年做不成一件皮衣，五年办不成一次祭祀。为什么呢？周人的（　　）错了。

参考答案：美食、皮衣、商量、躲进、计谋

思考探究

1. 你认为周人的计谋错在哪儿？
2. 这个故事告诉了我们什么道理？

日积月累

“与狐谋皮”与“与虎谋皮”

成语“与虎谋皮”本为“与狐谋皮”，就源于这篇文章，比喻跟所谋求的对象有利害冲突，绝不可能成功。

为什么“与狐谋皮”会变成“与虎谋皮”呢？因为后人觉得狐狸只是比较狡猾，若换成老虎，更没有商量的余地，于是约定俗成为“与虎谋皮”。

类似的例子成语中还有不少，如“风起水涌”后人改为“风起云涌”；“青天霹雳”后人改为“晴天霹雳”；“天崩地坼”后人常写作“天崩地裂”……

这种改动的目的是为了更加通俗和生动。

33 叶公好龙

古籍出处

西汉·刘向《新序·杂事五》

阅读背景

《新序》是历史故事类编，是刘向现存最早的一部作品。该书的绝大部分条目都是摘录后加以转述或直接摘抄而成。“叶公好龙”的故事就是摘抄而来的。但历史上的叶公并不像故事里说得那么肤浅，而是一位颇有成就的政治家、军事家。他是春秋时期楚国的贵族，名子高，因封于叶地，故称叶公。

原文诵读

yè gōng zǐ gāo hào lóng gōu yǐ xiě lóng
叶公子高好龙，钩[1]以写龙，

záo yǐ xiě lóng wū shì diāo wén yǐ xiě lóng
凿[2]以写龙，屋室雕文[3]以写龙。

yú shì tiān lóng wén ér xià zhī kuī tóu yú yǒu
于是天龙闻而下之，窥[4]头于牖[5]，

注释

①钩：衣服上的带钩。

②凿：通“爵”，古代饮酒的器具。

③屋室雕文：房屋上雕刻的图案、花纹。“文”通“纹”。

④窥：探望，偷看。

⑤牖：窗户。

shī wěi yú táng yè gōng jiàn zhī qì ér xuán
施[6]尾于堂。叶公见之，弃而还

zǒu shī qí hún pò wǔ sè wú zhǔ shì yè gōng
走[7]，失其魂魄，五色无主[8]。是叶公

fēi hàolóng yě hào fú sì lóng ér fēi lóngzhě yě
非好龙也，好夫[9]似龙而非龙者也。

⑥施：延伸，同“拖”。

⑦还走：转身就跑。还，通“旋”。

⑧五色无主：脸色一忽儿白，一忽儿黄。五色，这里指脸色。

⑨夫：这，那。

趣读古文

一桩“千古冤案”

鲁哀公经常向别人说自己是多么渴望人才，有个叫子张的人听说后便从很远的地方风尘仆仆地来到鲁国，请求拜见鲁哀公。

子张在鲁国一直住了七天，也没看到鲁哀公的影子。他很是失望，悄然离去了。终于，鲁哀公记起子张求见的事情，命车夫把子张请来。车夫对鲁哀公说：“他早走了。”鲁哀公很是不解，他问车夫：“他不是投奔我而来的吗？为什么又走掉了呢？”于是，车夫向鲁哀公转述了子张留下的故事。

叶公子高好龙， 叶公子高非常喜欢龙，喜欢到什么程度呢？钩以写龙，凿以写龙，屋室雕文以写龙。 衣带钩、酒器上都刻着龙，屋子内外都雕刻着龙。

钩，是写“龙”这个字要重点写那一钩吗？

衣带钩是古人衣带上的挂钩，相当于我们现代的裤带扣钩。

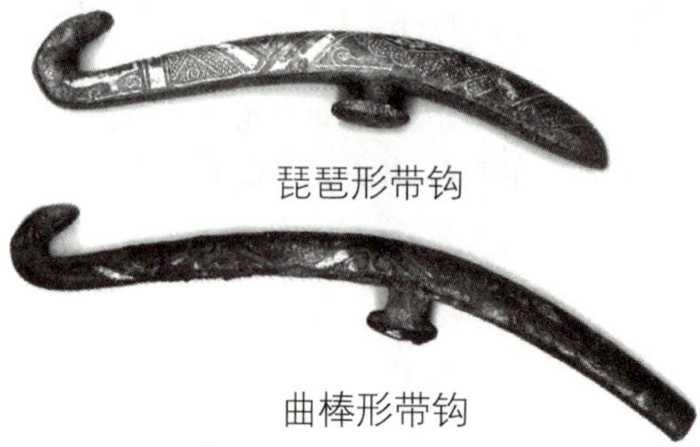

琵琶形带钩

曲棒形带钩

衣带钩图

于是天龙闻而下之，窥头于牖，施尾于堂。 他这样爱龙，天上的真龙知道后，便从天上来到叶公的住所，龙头搭在窗台上探看，龙尾伸到了厅堂里。

叶公见之，弃而还走，失其魂魄，五色无主。 古文中的走，都是跑的意思。叶公一看到真龙，吓坏了，转身就跑。

他被吓得像失了魂似的，脸色一会儿白，一会儿黄，惊恐万状，茫然无措。

是叶公非好龙也，好夫似龙而非龙者也。 由此看来，叶公并不是真的喜欢龙，他喜欢的只不过是那些像龙却不是龙的东西罢了。

哈哈，这不就是说鲁哀公不是真正渴望人才吗？这一传出去，哪还有人才来投奔他呀！

这个故事显然起到了劝谏国君的目的，但却让叶公背了千年的黑锅。叶公本是周王室后裔，因治理有方，被封叶地。当地经常有水患，叶公上任后第一件事就是治水。经过考察后，他想画一张地形图。因为当时的书写材料——竹简沉重又不便利，他就把地形图画在自己家墙上。地形图上，每一条水道的尽头，他都用龙头来描绘。乍一看，叶公家的墙上画的都是一条条的龙。不了解情况的外行还以为叶公画的是龙图，还嘲笑他画龙不画云，不是真的喜欢龙。后人以讹传讹，就演变成了今天我们熟知的“叶公好龙”的故事。

翻译填空

叶公子高非常喜欢龙，衣带钩、酒器上都刻着龙，屋子内外都（　　）着龙。他这样爱龙，天上的真龙知道后，便来到叶公的住所，龙头搭在窗台上（　　），（　　）伸到了厅堂里。叶公一看是真龙，转身就（　　），被吓得像失了魂似的，惊恐万状，茫然无措。由此看来，叶公并不是真的喜欢龙，他喜欢的只不过是那些像龙却（　　）龙的东西罢了。

参考答案：雕刻、探看、龙尾、跑、不是

写作一点通

对比凸显人物形象

这篇文章通过叶公“爱龙”和“怕龙”的对比，塑造了叶公名实矛盾、言行不一的形象。

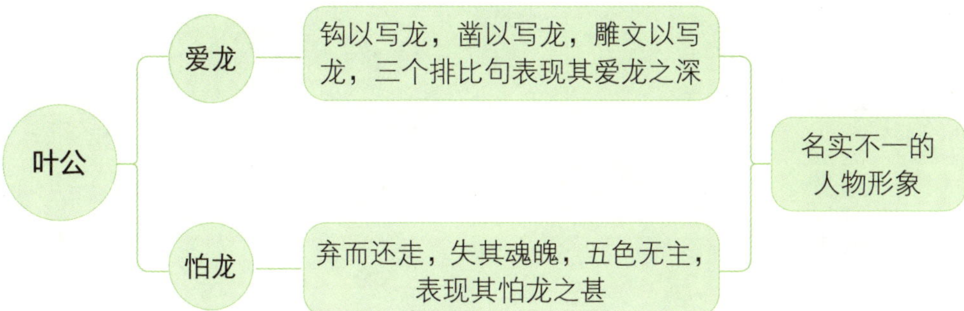

思考探究

1. 本文说明了什么道理？
2. 叶公“弃而还走”的原因是什么？

日积月累

龙的演变

龙是汉民族最古老的图腾。在远古时期，人们敬畏自然、崇拜神力，于是就创造了这样一个能呼风唤雨、法力无边的偶像，对其膜拜，祈求平安。

数千年来，龙在人们的心目中是神秘而又神圣的。

今天所知道的龙的形象综合了许多生物的特征：鹿角、牛头、驴嘴、虾眼、象耳、鱼鳞、人须、蛇腹、凤足。封建时代，龙还是皇帝的代表，皇帝被称为“真龙天子”。

34 螳螂捕蝉

古籍出处

西汉·刘向《说苑·正谏》

阅读背景

《说苑》又名《新苑》，是古代杂史小说集，记述了春秋战国至汉代的许多逸闻轶事，其中以记述诸子言行为主，不少篇章中有关于治国安民、家国兴亡的哲理格言。“螳螂捕蝉，黄雀在后”就是从这个故事中演化而来的。

原文诵读

wú wáng yù fá jīng gào qí zuǒ yòu yuē
吴王欲伐[1]荆[2]，告其左右曰：
gǎn yǒu jiàn zhě sǐ shè rén yǒu shào rú zǐ
“敢有谏[3]者死！”舍人[4]有少孺子[5]，
yù jiàn bù gǎn zé huái wán cāo dàn yóu yú hòu
欲谏不敢，则怀丸操弹[6]，游于后
yuán lù zhān qí yī rú shì zhě sān dàn wú wáng
园，露沾其衣，如是者三旦。吴王
yuē zǐ lái hé kǔ zhān yī rú cǐ duì yuē
曰：“子来，何苦沾衣如此？”对曰：
yuán zhōng yǒu shù qí shàng yǒu chán chán gāo jū bēi
“园中有树，其上有蝉，蝉高居悲

注释

[1] 伐：征讨，讨伐。

[2] 荆：指楚国。

[3] 谏：规劝。以下劝上为谏。

[4] 舍人：古官名。大多为近侍属官。

[5] 少孺子：年轻人。

[6] 怀丸操弹：怀揣弹丸，手拿弹弓。操，持、拿。

míng yǐn lù bù zhī táng láng zài qí hòu yě táng láng
鸣饮露，不知螳螂在其后也；螳螂
wěi shēn qū fù yù qǔ chán ér bù zhī huáng què
委身曲附[7]，欲取蝉，而不知黄雀
zài qí páng yě huáng què yán jǐng yù zhuó táng
在其傍[8]也；黄雀延颈[9]，欲啄螳
láng ér bù zhī dàn wán zài qí xià yě cǐ sān zhě jiē
螂，而不知弹丸在其下也。此三者皆
wù yù dé qí qián lì ér bú gù qí hòu zhī huàn
务[10]欲得其前利，而不顾[11]其后之患[12]
yě wú wáng yuē shàn zāi nǎi bà qí bīng
也。”吴王曰：“善哉！”乃罢[13]其兵。

⑦委身曲附：缩着身子紧贴树枝，弯起了前肢。

⑧傍：同“旁”，旁边。

⑨延颈：伸长脖子。

⑩务：一定，必须。

⑪顾：考虑。

⑫患：忧患，灾祸。

⑬罢：停止。

趣读古文

顾前不顾后

春秋末年，在楚国东边崛起两个强国——吴国和越国，大致在今天的苏杭一带。吴越之地气候宜人，物产丰富，很快就跻身于春秋五霸之列。

吴国与楚国相邻，无论是因为旧怨，还是出于扩张的目的，攻打楚国都是早晚的事。这次吴王不知道为什么又激动了，要攻打楚国。可以确定的是，吴王扬言要攻打楚国，一定不是第一次。估计也被大臣阻拦了多次。

吴王欲伐荆，告其左右曰：“敢有谏者死！” 吴王要攻打楚国，警告左右大臣说：“谁敢劝谏就处死谁！”

谏是指下对上的直言规劝，如规劝君主或长辈可用谏。

打仗劳民伤财不说，万一战败了，多少年都缓不过来。作为大臣，该劝阻的还是要劝阻。但怎么劝阻，却是个技术活。

舍人有少孺子，欲谏不敢， 一个年轻侍从官想要劝吴王，却不敢直接去劝谏。君无戏言，谁敢直接往枪口上撞呢？此路不通，可以换一种方式。于是，这人便自导自演了一出戏。**则怀丸操弹，游于后园，** 他便每天揣着弹丸、拿着弹弓在后花园转来转去。行为艺术不仅靠演技，还要备足道具，拿着弹弓和弹丸，一看便知是打鸟的。**露沾其衣，如是者三旦。** 露水浸湿了他的衣服，接连三个早晨都是这样。

这样出格的行为果然引起了吴王的关注。

吴王曰："子来，何苦沾衣如此？" 吴王觉得奇怪，把这个年轻人叫过来问："你过来，怎么这么不小心，把衣服打湿成这个样子了呢？"

吴王终于上钩了，机不可失，出手得稳准狠。这个年轻人分三步回答了吴王的问题。

对曰："园中有树，其上有蝉，蝉高居悲鸣饮露，不知螳螂在其后也； 园里有一棵树，树上有一只蝉。蝉停留在高高的树上一边放声地叫着一边吸饮着露水，却不知道有只螳螂在自己的身后。这是第一步。

你根据上文信息能猜出年轻人是在什么季节、什么时间去的后园吗？

有蝉，说明是夏季。夏季露水出现于凌晨三、四点，可以推断年轻人去后园的时间是在凌晨。

螳螂委身曲附，欲取蝉，而不知黄雀在其傍也； 螳螂弯曲着身体贴在树上，想扑上去猎取蝉，但却不知道有只黄雀在自己身旁。这是第二步。

黄雀延颈，欲啄螳螂，而不知弹丸在其下也。 黄雀伸长脖子想要啄食螳螂，却不知道有个人举着弹弓在树下要射它。那个举着弹弓的人，就是正在劝谏的年轻人。这是第三步。

故事讲到这里，吴王反应再迟钝也该明白了，这哪儿是打鸟呀，这是在演戏呀。但，看都看完了，也得给“导演”总结发言的机会吧。于是，年轻人接着做了总结。

此三者皆务欲得其前利，而不顾其后之患也。” 这三个家伙，都极力想要得到它们眼前的利益，却没有考虑到它们身后有隐伏的祸患。于是，吴王顿时明白了“导演”的良苦用心。

吴王曰：“善！”乃罢其兵。 吴王听后，说：“好啊！”随后停止向楚国出兵。

翻译填空

吴王要攻打荆地，警告（　　）说：“谁敢劝谏就处死谁！”一个年轻近侍官想要劝谏吴王却不敢，便每天怀揣弹丸，（　　）弹弓在后花园转来转去，露水打湿了他的衣鞋，接连好几个早上都是这样。吴王觉得奇怪：“你过来，为什么会把衣服打湿成这样呢？”年轻人回答道：“园里有一棵树，树上有一只蝉，蝉停留在高高的树上一边放声地叫着，一边吸饮着露水，却不知道有只螳螂在自己的身后；螳螂（　　）贴在树上，想扑上去猎取它，但却不知道有只黄雀在自己（　　）；黄雀伸长脖子想要啄食螳螂，却不知道有个人举着弹弓在树下要射它。这三个家伙，都极力想要得到它们眼前的（　　），却没有考虑到它们身后有隐藏的（　　）。”吴王听后，说：“好啊！”随后停止向楚国出兵。

参考答案：左右大臣、手拿、弯曲着身体、身旁、利益、祸患

思考探究

1. 文中舍人少孺子和吴王分别是怎样的人？

2. 从原文中找出“螳螂捕蝉”和吴王欲伐荆这二者的相似点。

日积月累

春秋五霸和战国七雄

春秋五霸是指春秋时期五个诸侯之长。其职名为会诸侯、朝天子，实为尊天子以令诸侯。关于春秋五霸，各类史家、学者的看法也不尽相同。最具代表性的两种说法是：齐桓公、宋襄公、晋文公、秦穆公、楚庄王（《史记索隐》）；齐桓公、晋文公、楚庄王、吴王阖闾和越王勾践（《荀子·王霸》）。

战国七雄是战国时期七个最强大的诸侯国的统称，七国分别是：齐国、楚国、燕国、韩国、赵国、魏国、秦国。

35 杯弓蛇影

古籍出处

唐·房玄龄《晋书·乐广传》

阅读背景

房玄龄是唐朝初年名相。执政期间，房玄龄善于谋略，杜如晦处事果断，并称“房谋杜断”，成为良相典范。《晋书》是中国的《二十四史》之一，由房玄龄等人合著，主要记载了两晋的历史。这篇文章中的“乐广”就是西晋的名士。

原文诵读

yuè guǎng zì yàn fǔ qiān hé nán yǐn cháng
乐广字彦辅，迁河南尹，尝[1]

yǒu qīn kè jiǔ kuò bú fù lái guǎng wèn qí
有亲客[2]，久阔[3]不复来，广问其

gù dá yuē qián zài zuò méng cì jiǔ fāng yù
故，答曰：“前在坐，蒙[4]赐酒，方欲

yǐn jiàn bēi zhōng yǒu shé yì shèn wù zhī jì
饮，见杯中有蛇，意甚恶[5]之，既

yǐn ér jí yú shí hé nán tīng shì bì shàng yǒu
饮而疾[6]。”于时河南[7]听事[8]壁上有

注释

1. 尝：曾经。
2. 亲客：关系密切的朋友。
3. 阔：离别，疏远。
4. 蒙：承蒙。敬辞。
5. 恶：讨厌，憎恨。
6. 疾：生病。
7. 河南：晋朝郡名，在今河南洛阳一带。

jiǎo qī huà zuò shé guǎng yì bēi zhōng shé jí jiǎo
角，漆画作蛇。广意[9]杯中蛇即角

yǐng yě fù zhì jiǔ yú qián chù wèi kè yuē jiǔ
影也。复置酒于前处，谓客曰：“酒

zhōng fù yǒu suǒ jiàn fǒu dá yuē suǒ jiàn rú
中复有所见不[10]？”答曰：“所见如

chū guǎng nǎi gào qí suǒ yǐ kè huò rán yì jiě
初。”广乃告其所以，客豁然意解[11]，

chén kē dùn yù
沉疴[12]顿愈。

⑧听事：官府办理政事的厅堂，亦作“厅事”。

⑨意：推测。

⑩不：相当于“否”。

⑪意解：心里的顾虑被打消。

⑫沉疴：久治不愈的病。疴，重病。

趣读古文

心病还需心药医

乐广字彦辅，迁河南尹， 乐广字彦辅，在河南郡做官。这里要注意古今地名的变化。河南是晋朝时期的一个郡名，即河南郡，在今河南洛阳一带，是西晋首都所在。尹是古代的官名。

迁是调动官职的意思。左迁是降职，右迁是升职。

尝有亲客，久阔不复来，广问其故， 他曾经有一个亲密的朋友，分别后过了很久也不见他再登门，乐广就去拜访朋友，问他为什么许久不来。

答曰：“前在坐，蒙赐酒， 友人回答说：“前些日子去你家做客，承蒙你给我酒喝。”**方欲饮，见杯中有蛇，** “我正端起酒杯要喝酒的时候，看见杯中有一条蛇。”这下，刚才的好心情荡然无存了。酒杯里有条蛇，谁还能喝得下去呢？可这位朋友还是喝了，大概是不想驳了主人乐广的兴致吧。**意甚恶之，既饮而疾。”** 他心里十分

恶心，喝了那杯酒后，就得了病。疾在这里作动词，是生病的意思。

酒里有蛇？哪来的小蛇呢？乐广也不得其解。

于时河南听事壁上有角，漆画作蛇。 当时，朋友坐着喝酒的位置旁的墙壁上挂着一张角弓，弓上有一条用漆画的蛇，因为是漆画的，格外鲜亮。莫非，是它？

广意杯中蛇即角影也。 乐广猜想杯中的小蛇就是弓影了。

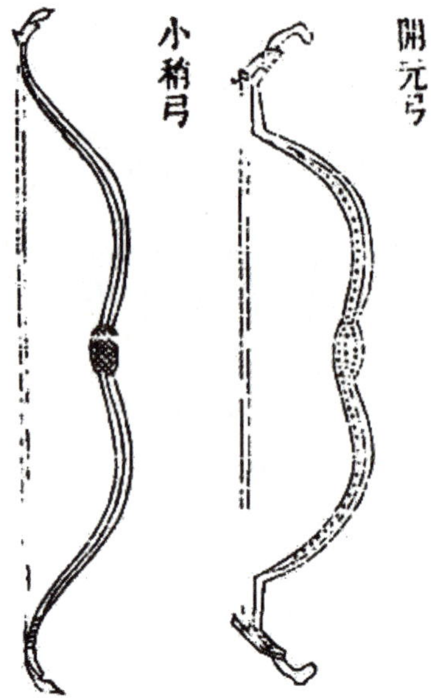

古代角弓

在光的照耀下，弓的影子映入了酒杯中，酒波荡漾下，看着就像一条小蛇，定是如此！**复置酒于前处，** 于是，他再次请那位朋友在原来的位置饮酒，重现上次饮酒的情景，**谓客曰：“酒中复有所见不?”** 他对朋友说道：“您在酒杯中是否又看见了什么东西?”**答曰：“所见如初。”** 朋友回答说：“所看到的跟上次一样。”

估计朋友心想，你家酒杯里果然有蛇呀，这次无论如何也不会喝了。

广乃告其所以。 于是乐广就告诉他其中的原因。**客豁然意解，沉疴顿愈。** 朋友心里的顾虑被打消，心情豁然开朗，疑团突然解开，久治不愈的病顿时治好了。看来心病还需心药医啊！

翻译填空

乐广字彦辅，在河南做官，(　　) 有一个亲密的朋友，(　　) 很久不见再来，乐广问朋友不来的原因，友人回答说：“前些日子来你家 (　　)，承蒙你给我酒喝，正端起酒杯要喝酒的时候，看见杯中有一条蛇，心里十分（　　），喝了那杯酒后，就得了病。”当时，朋友坐着喝酒的位置旁的大厅墙壁上挂着一张角弓，弓上有一条用漆画的蛇。乐广（　　）杯中的影子就是弓了。于是，他（　　）请那位朋友在原来的位置饮酒，对朋友说道：“酒杯中是否又看见了什么东西？”朋友回答说：“所看到的跟上次一样。”于是乐广就告诉他其中的（　　），朋友心情豁然开朗，久治不愈的病顿时治好了。

参考答案：曾经、分别、做客、恶心、猜想、再次、原因

写作一点通

引人入胜的写作方法——设置悬念

设置悬念是在文章的某一部分设置一个疑问或矛盾冲突，以造成读者某种急切期待和热烈关心的心理的一种写作手法。常用在记叙文写作中。这篇文章采用倒叙的方法，层层设置悬念，让故事引人入胜。

悬念

- 悬念一：亲密的朋友很久不再登门，原因是什么？
- 揭示原因：上次喝酒时，见杯子里有蛇，强忍着恶心喝下去，病了，所以不再登门。
- 悬念二：杯子里怎么会有蛇？
- 揭示原因：蛇其实是角弓的影子。

思考探究

1. 这个故事告诉我们什么道理？
2. 乐广是个怎样的人？从哪些地方看出来的？

日积月累

尹：此字初文始见于商代甲骨文及商代金文，甲骨文写作，金文写作，会意字，其古字形像以手持杖，表示有权力；或以为像手拿笔，以表示治事。尹后来由治理引申指官名，商、周时常指官长。后来成为对官员的统称。

36 愚人食盐

古籍出处

南北朝·僧伽斯那《百喻经》

阅读背景

《百喻经》，全称《百句譬喻经》，“百句譬喻经”是指有一百篇譬喻故事，但现存只有九十八篇。

《百喻经》里的故事每篇都采用两步式，第一步是讲故事，是引子，第二步是比喻，阐述一个佛学义理。这篇文章通过愚人食盐的故事告诉我们“凡事不可做过头”的道理。

原文诵读

xī yǒu yú rén　zhì yú tā jiā　zhǔ rén yǔ
昔有愚人，至于他家。主人与

shí　xián dàn wú wèi　zhǔ rén wén yǐ　gèng　wéi
食[1]，嫌淡无味。主人闻已[2]，更[3]为

yì yán　jì　dé yán měi　biàn zì niàn yán　suǒ
益[4]盐。既[5]得盐美，便自念言：“所

yǐ　měi zhě　yuán yǒu yán gù　shǎo yǒu shàng ěr
以[6]美者，缘有盐故。少有尚尔[7]，

kuàng fù duō yě　yú rén wú zhì　biàn kōng
况复多也？”愚人无智，便空[8]

注释

1. 食：食物。
2. 闻已：听说后。
3. 更：再次。
4. 益：增加。
5. 既：已经。
6. 所以：……的原因。
7. 尚尔：尚且如此。
8. 空：空口。

shí yán shí yǐ kǒushuǎng fǎn wéi qí huàn

食盐。食已口爽[9]，返[10]为其患。

[9] 口爽：口味败坏。

[10] 返：通“反”，反而。

趣读古文

凡事不要做过头

昔有愚人，至于他家。 愚这个字总和蠢笨为伴。从前有个愚蠢的人，到朋友家去。主人与食，嫌淡无味。 主人给他食物，他却嫌弃这食物淡而无味。

主人闻已，更为益盐。 主人听说后，就往他的食物里添了些盐。古代调味品极少，盐更是稀有之物，只有少数富足的人家才吃得起。

既得盐美， 他吃了加了盐后的食物，觉得十分美味。便自念言：“所以美者，缘有盐故。少有尚尔，况复多也？” 于是自言自语说：“食物之所以味道鲜美，是有了盐的缘故。加了这么点盐就如此鲜美了，何况量多的时候呢？”这一琢磨不打紧，从此他便惦记上了。

愚人无智，便空食盐。 这个愚蠢的人没有智慧，从此以后就只吃盐。

啊，怎么吃得下去呀？

这句话应该不是我们想象的大把的、满口吃盐的意思，理解为这个人不管吃什么都要加盐比较合理。

食已口爽，返为其患。 他吃了很多盐以后，口舌会很快失去辨味的能力，这反而成为他的祸患。味觉失灵，吃黄连和吃蜜糖是一个感觉，会是什么滋味？

这个故事告诉我们：干任何事情都要有一个限度，恰到好处时美妙无比，一旦过头就会走向反面。

翻译填空

从前有个（　　）的人，到朋友家，主人给他食物。他嫌弃食物淡而无味。主人（　　）后，给他的食物加了些盐。他吃了后，感觉这（　　）十分美味，于是自言自语说：“之所以味道鲜美，是有了盐的（　　）。加了这么点盐就如此美味，何况多加些呢？”这个愚蠢的人没有（　　），就只吃盐。味觉败坏，反而成为他的（　　）。

参考答案：愚蠢、听说、菜肴、缘故、智慧、祸患

思考探究

1. 你从这个故事中悟出什么道理？
2. 生活中，你做过类似的事情吗？说说看。

日积月累

盐的奥妙

盐字始见于战国金文，写作 ，本义是煮盐，古代制盐通过煮咸水而来。

我们今天吃的盐，按其来源，有海盐、井盐、矿盐、湖盐、土盐等。

自古以来，盐都是人们必不可少的调味品，但食盐太多，可能引发高血压、肾脏病、心血管疾病等。

我国规定，成人每日摄入6g食盐即可满足机体对钠的需要。

37 盲人摸象

古籍出处

《大般涅槃经》

阅读背景

《大般涅槃经》是一部佛教经典。佛经里有许多比喻，通过浅显的故事来宣讲深奥的道理。“盲人摸象”是其中最有名的一个故事，后演化成一个成语，用来比喻对事物了解不全面而固执一点，乱加揣测。

原文诵读

王告一大臣：“汝牵一象以示[1]盲者。”时彼众盲，各以手触。……大王即唤众盲，各各[2]问言：“汝见象耶？”众盲各言：“我已得见。”王言：“象为何类[3]？”其触牙者，即言象形如萝菔[4]根；其触耳

注释

[1] 示：给人看。

[2] 各各：一个一个地。

[3] 何类：即“类何”，像什么。

[4] 萝菔：萝卜。又写作“芦菔”“莱菔”。

zhě yán xiàng rú jī　qí chù tóu zhě yán xiàng rú shí
者言象如箕[5]；其触头者言象如石；

qí chù bí zhě yán xiàng rú chǔ　qí chù jiǎo zhě yán
其触鼻者言象如杵[6]；其触脚者言

xiàng rú mù jiù　qí chù jǐ　zhě yán xiàng rú chuáng
象如木臼[7]；其触脊[8]者言象如床；

qí chù fù zhě yán xiàng rú wèng　qí chù wěi zhě yán
其触腹者言象如瓮[9]；其触尾者言

xiàng rú shéng
象如绳。

⑤箕：簸箕，扬米去糠的器具。

⑥杵：一头粗一头细的圆木棒，用于舂米等。

⑦臼：用石或木制成的舂米的器具。

⑧脊：这里指背部。

⑨瓮：一种盛东西的陶器，腹部较大。

趣读古文

只见局部不见整体

盲人摸象的故事我们都非常熟悉，但读故事时总有些疑惑：让一群盲人描述大象的样子，这不是欺负人吗？所以，我们有必要了解这个故事的背景。

这是一篇佛教故事。在很久很久以前，有一个很有智慧的国王，名叫“镜面”。在他的国家里，除了他一人笃信佛法外，臣民们都信仰那些旁门左道。这位国王感到很苦闷，就想出一个办法来教导他们。

有一天，国王下令，把国境内所有生而眼盲的人召到宫里来。许多臣民听到这个消息都十分奇怪，大家争先恐后地赶来参观。

王告一大臣：“汝牵一象以示盲者。”　国王传令给一大臣：“你去牵一头大象来，展示给这些盲人。”于是，大臣按照国王的吩咐，牵来了一头大象。

时彼众盲，各以手触。　这时，一众盲人各自用手去触摸象。

……大王即唤众盲，　盲人们在象身上摸了一会儿以后，大王把盲人们召去问话。各各问言：“汝见象耶？”　国王一个一个地问：“现在，你们知道象是什么样子了吗？”

众盲各言：“我已得见。”　盲人们各自回答说：“我已经知道了。”
王言：“象为何类？”　大王又问：“大象长得像什么呢？”
其触牙者，即言象形如萝菔根；　摸到象牙的盲人说象的体形像萝卜的根。

萝菔，怎么听起来像是萝卜呀？

萝菔就是萝卜，据说是汉代时由地中海沿岸传入中国的。萝卜的名字是直接音译过来的。

其触耳者言象如箕；　摸到象的耳朵的盲人说象像簸箕。其触头者言象如石；　摸到象头的盲人说象像一块大石头。其触鼻者言象如杵；　摸到象鼻子的人说象像舂米的木棒。其触脚者言象如木臼；　摸到象脚的人说象像舂米的木臼。

杵和臼都是古代使用的捣谷工具，多用坚硬的木头或石头制成。如下图，人手里拿的长木棒就是杵，盛食物或谷物的“大盆子”就是臼。

杵、臼

其触脊者言象如床；　摸到象的脊背的盲人说象像一张大床。其触腹者言象如瓮；　摸到象肚子的盲人说象像一个大瓮。其触尾者言象如绳。　摸到象的尾巴的盲人说象像粗粗的麻绳。

等盲人们都说完了，这些眼睛明亮的正常人，必然会窃笑不已。难道国王召集盲人是来演笑话的吗？当然不是！接下来才是重点。

“镜面”王哈哈大笑说：“盲人呀，盲人！

你们又何必争论不休呢？你们仅仅摸到了一部分，就认为自己是对的吗？唉！你们没有摸到过象的全身，就自以为了解了象的全貌。就好比没有听过佛法的人，自以为获得了真理一样。”接着国王又问来参观的人说：“臣民们啊，你们宁可去相信那些浅薄的邪论，也不去研究切实的佛法真理，和那些摸象的盲人，有什么区别呢？”

从此，臣民们便虔诚地信奉佛教了。

翻译填空

国王命令一个大臣：“你去牵一头大象来，展示给这些盲人。”大臣按照国王的吩咐，牵来了一头大象。这时一众盲人各自用手（　　）。……之后，国王召集一众盲人问道：“现在，你们知道象是什么（　　）了吗？”“知道了！”盲人们回答。“那么，它像什么样子呢？”于是，摸到象牙的盲人说它像（　　）；摸到象耳朵的盲人说它像一个（　　）；摸到象头的盲人说它像石头；摸到象鼻子的盲人说它像（　　）；摸到象脚的盲人说它像木臼；摸到大象脊背的盲人说它像张床；摸到大象肚子的盲人说它像个（　　）；摸到象尾巴的盲人说它像一根（　　）。

参考答案：摸象、样子、萝卜根、大簸箕、棒槌、大瓮、绳子

写作一点通

用好比喻

这篇文章中，这些盲人虽看不见，却可以表达出所摸到的东西的样子，这就得益于比喻的巧妙运用。比喻是写作中常用的一种修辞手法，即用跟甲事物有相似之处的乙事物来描写和说明甲事物。本文中有很多比喻句，如“象

如石”“象如绳”等，如果把“象”替换为象的各个部位，如“象头如石”“象尾如绳”，就是非常好的比喻句了。

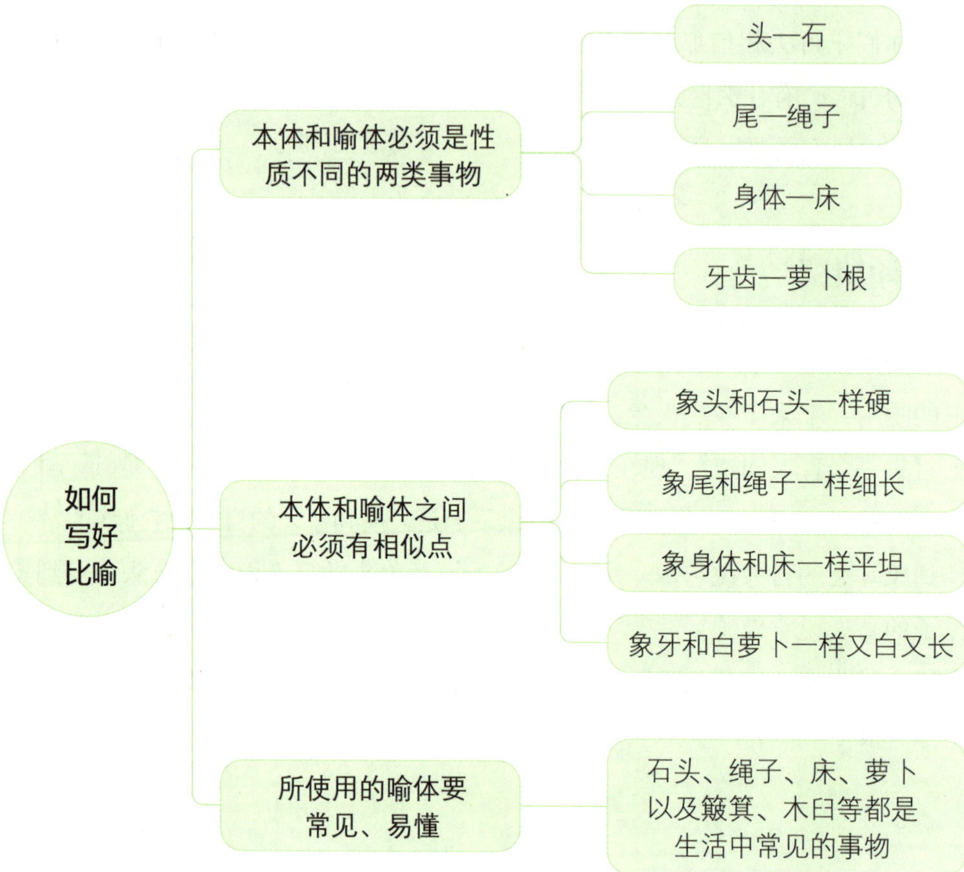

思考探究

1. 盲人摸象的过程告诉了我们什么道理？
2. 你会如何形容大象的外形呢？